ATLAS

HISTORIQUE ET STATISTIQUE

DES

CHEMINS DE FER FRANÇAIS

TYPOGRAPHIE DE CH. LAHURE ET Cⁱᵉ
Imprimeurs du Sénat et de la Cour de Cassation
rue de Vaugirard, 9

ATLAS

HISTORIQUE ET STATISTIQUE

DES

CHEMINS DE FER FRANÇAIS

PAR ADOLPHE JOANNE

Auteur des Itinéraires de la Suisse, de l'Allemagne ; des Pyrénées
des Environs de Paris, etc.

CONTENANT 8 CARTES GRAVÉES SUR ACIER

PARIS

LIBRAIRIE DE L. HACHETTE ET Cⁱᶜ

RUE PIERRE-SARRAZIN, Nº 14

(Près de l'École de médecine)

1859

TABLE DES MATIÈRES.

CARTES.

ERRATA.

PAGE 35, PREMIÈRE COLONNE.

Au-dessous de Compagnie des chemins de fer de l'Est, *ajoutez :* Conseil d'administration.

IDEM, DEUXIÈME COLONNE.

Au lieu de : M. Edward, S. ✳, ingénieur en chef du Conseil, *lisez :* M. Edwards, ✳, ingénieur en chef-conseil.

PRÉFACE.

Le texte de cet Atlas est, comme son titre l'indique, purement historique et statistique. Je me borne à constater des faits officiels pour expliquer les cartes qui y sont jointes. Il y aurait certes beaucoup à dire sur le passé, le présent et l'avenir des chemins de fer français. Peut-être un jour entreprendrai-je un pareil travail; je n'abdique point mes droits de critique; mais je ne veux aujourd'hui ni louer ni blâmer. Pour atteindre le but que je me propose, c'est-à-dire pour faire connaître la situation actuelle des chemins de fer français, il doit me suffire d'avoir réuni, sans commentaires, avec méthode, un certain nombre de dates et de chiffres.

Adolphe JOANNE.

1ᵉʳ novembre 1858.

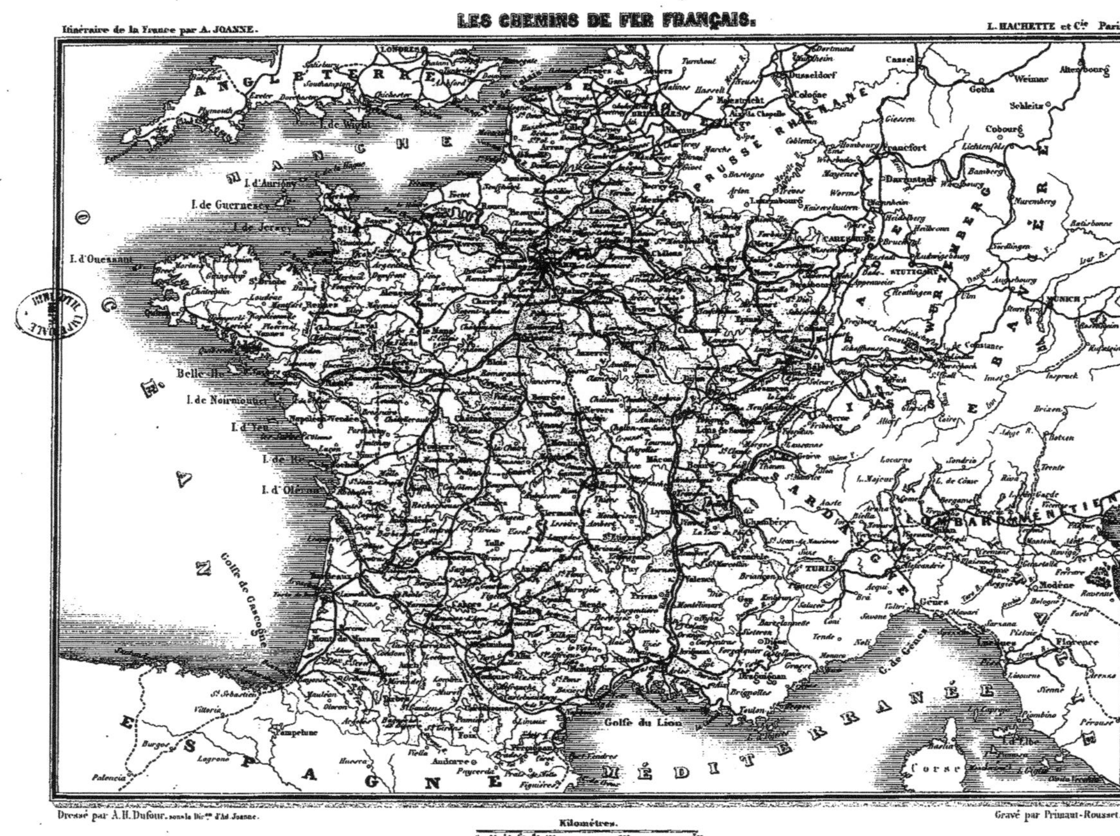

Itinéraire de la France par A. JOANNE.
LES CHEMINS DE FER FRANÇAIS.
L. HACHETTE et Cie Paris.
ANGLETERRE
MANCHE
PRUSSE RHÉNANE
I. de Wight
I. d'Aurigny
I. de Guernesey
I. de Jersey
I. d'Ouessant
Belle-Ile
I. de Noirmoutier
I. d'Yeu
I. de Ré
I. d'Oléron
Golfe de Gascogne
ESPAGNE
Golfe du Lion
MÉDITERRANÉE
Corse
TURIN
MUNICH
Dressé par A. H. Dufour, sous la Dirⁿ d'Ad. Joanne.
Kilomètres.
Gravé par Primaut-Rousset.

ATLAS

HISTORIQUE ET STATISTIQUE

DES CHEMINS DE FER FRANÇAIS.

INTRODUCTION.

Le rapport adressé à l'Empereur sur la situation des chemins de fer français, le 30 novembre 1856, par M. le ministre de l'Agriculture, du Commerce et des Travaux publics, les décrets rendus dans le cours de l'année 1857 et le tableau des recettes de l'exploitation des chemins de fer en 1857, publié dans le *Moniteur* du 2 mars 1858, contiennent les renseignements suivants :

SITUATION DES CHEMINS DE FER EN 1857.

NOMS DES CHEMINS.	LONGUEUR totale concédée.	LONGUEUR au 1er janvier 1858,		
		totale exploitée au 31 décembre.	moyenne exploitée pendant l'année entière.	à terminer.
	kil.	kil.	kil.	kil.
Nord....................	1408	859	815	549
Est.....................	1841	1398	1256	443
Ardennes...............	420	52	17	368
Ouest..................	1779	949	925	830
Orléans................	3212	1480	1342	1732
Paris à Lyon et à la Méditerranée..............	3018	1650	1624	1368
Lyon à Genève..........	260	175	137	85
Midi...................	1542	727	648	815
Dauphiné...............	254	89	72	165
Ceinture...............	17	17	17	»
Bosséges à Alais.......	30	30	3	»
Béziers à Graissesac...	53	»	»	53
Anzin à Somain.........	19	19	19	»
Carmaux à Albi.........	15	15	»	»
Bordeaux au Verdon....	100	»	»	100
Totaux et moyennes..	13968	7460	6875	6508

De 1823 à 1856, la construction des chemins de fer français avait coûté :

	DÉPENSES FAITES		
	par l'État.	par les compagnies.	totales.
	fr.	fr.	fr.
De 1823 à 1829......	»	3 300 000	3 300 000
De 1830 à 1841......	3 228 740	172 097 753	175 326 493
De 1842 à 1847	278 553 677	509 411 555	787 965 232
De 1848 à 1851......	298 417 147	198 711 088	497 128 235
De 1852 à 1854......	51 187 751	646 690 064	697 877 815
Année 1855.........	55 200 000	430 406 485	485 606 485
Année 1856.........	20 286 000	458 569 713	478 855 713
Totaux...........	706 873 315	2 419 186 658	3 126 059 973
A déduire pour remboursements à effectuer en 1855 et 1856.............	45 565 000	»	45 565 000
Totaux généraux.	661 308 315	2 419 186 658	3 080 494 973

Les *produits nets*, qui s'étaient élevés, en 1847, au chiffre de 22 000 fr. par kilom., étaient descendus subitement à 13 600 fr. en 1848; mais depuis 1852, et malgré l'adjonction de lignes secondaires, leur marche ascensionnelle est constatée par les chiffres suivants :

21 600 fr. en	....	1852.
24 600 fr. en	....	1853.
26 400 fr. en	....	1854.
30 300 fr. en	....	1855.
28 000 fr. en	....	1856.

Les produits bruts ont été :

En 1841 sur un parcours moyen de	517 kil. de 25 704 fr.
En 1853 —	3 978 kil. de 43 132
En 1854 —	4 348 kil. de 46 445
En 1855 —	5 047 kil. de 51 317
En 1856 —	5 860 kil. de 48 048
En 1857 —	6 875 kil. de 45 243

On doit ouvrir d'après les cahiers des charges :[1]

	kilom.
En 1858	818
1859	1197
1860	234
1861	548
1862	83
1863	800
1864	236
etc., etc.	

Ainsi le réseau français se composait, au 1er janvier 1858, de 13 968 kilom., dont 6875 kilom. (parcours moyen) exploités rapportaient 45 243 fr. (produit brut), et dont 6508 kilom. doivent être livrés à la circulation dans l'espace de dix années. Il avait déjà coûté, jusqu'à 1856, 3 080 594 973 fr. : 661 308 315 fr. à l'État et 2 419 186 658 fr. aux compagnies. Or, il y a vingt-trois ans seulement, c'est-à-dire en 1835, Paris ne savait pas ce que c'était qu'un chemin de fer. S'il avait souvent entendu parler de ces nouvelles voies de communication dont se servaient déjà avec avantage les Anglais, les Américains, les Belges et les Allemands, il attendait, pour les connaître et pour en faire l'expérience par lui-même, l'ouverture du chemin de fer de Saint-Germain, qui n'eut lieu que le 24 août 1837. Ces vingt-trois années, comme on le voit, n'ont pas été mal employées. Malgré les diverses crises politiques, économiques et financières qui en ont troublé le cours, la France, accusée d'abord de lenteur et de pusillanimité, a bien réparé le temps perdu, et, si elle reste encore inférieure, quant au nombre total de ses kilomètres, à d'autres nations plus actives et plus entreprenantes, elle l'emporte sur toutes (cette vérité n'est point une flatterie) par le mérite de ses travaux d'art,

la commodité de ses voitures, la régularité et la vitesse de ses services, la bonne tenue de ses chemins, de ses gares et des divers agents de ses compagnies.

Ce serait une intéressante et instructive histoire que celle de l'établissement des chemins de fer en France ; véritable drame dont le dénoûment a satisfait tout le monde, sauf quelques égoïstes et quelques sots, mais dont les émouvantes péripéties resteront de tristes témoignages de la légèreté française : tant d'espérances absurdes, tant d'engouements irréfléchis, tant de découragements insensés, tant de catastrophes inutiles ! Heureusement il s'est trouvé dans ce pays, si simple parfois, malgré sa réputation d'esprit, des hommes assez sages, assez résolus, assez fermes, assez dévoués, pour résister avec succès à tous ces dérèglements de l'opinion publique, pour la ramener peu à peu à la vérité, à la réalité d'où elle tendait toujours à s'écarter, pour doter enfin leur patrie de ces nouvelles voies de communication qui, dans un temps peu éloigné, sont destinées à opérer sur toute la surface du globe, à l'aide de la télégraphie électrique, la plus grande révolution politique, économique et sociale, dont les annales de l'humanité garderont le souvenir.

Cette histoire, il ne faut point la chercher dans les pages qui vont suivre. On y trouvera seulement quelques dates et quelques faits généraux que nous avons cru utile de rappeler avant de donner des renseignements particuliers sur le passé, le présent et l'avenir des diverses compagnies qui se partagent aujourd'hui le réseau des chemins de fer français.

RÉSUMÉ HISTORIQUE.

Le premier chemin de fer français, celui de Saint-Étienne à la Loire, fut concédé en 1823. Il avait 18 kil. de longueur. Cette concession, faite à perpétuité et par ordonnance royale, fut suivie en 1826 et 1828 de celle de la ligne de Saint-Étienne à Lyon (57 kil.) et d'Andrezieux à Roanne (67 kil.). « Entreprises sur de faibles parcours, les voies ferrées étaient alors destinées à mettre en relation des centres de production houillère ou métallurgique avec une voie navigable ; les trans-

---

1. Ces chiffres, publiés dans le rapport du 30 novembre 1856, ont dû subir depuis quelques modifications.

ports ne s'appliquaient qu'à des marchandises, et les chevaux étaient l'unique moyen de traction.

« Ces essais ne manquaient pas, à leur date, d'une certaine hardiesse, quelque arriérés qu'ils paraissent aujourd'hui ; mais l'avenir des chemins de fer était alors à peine entrevu. On ne les considérait pas comme des instruments de transports généraux et de communications universelles ; on ne les regardait que comme l'accessoire perfectionné, mais local, de l'exploitation d'une mine ou d'un établissement industriel, auquel l'État les abandonnait à titre de propriété perpétuelle. Leurs rapports avec les intérêts du pays tout entier ne devaient se révéler que plus tard [1] ».

En 1833, deux grands faits se produisirent : les transports des voyageurs et les essais de traction au moyen de locomotives. Le pouvoir législatif intervint pour la première fois dans les questions relatives à l'établissement de ces nouvelles voies de communication. Après l'adjudication de la ligne d'Alais à Beaucaire (29 juin 1833), les concessions ne furent plus perpétuelles ; leurs cahiers des charges imposèrent des obligations nouvelles aux compagnies. Enfin la loi du 27 juin ouvrit un crédit de 500 000 fr., crédit continué chaque année, pour l'étude et la préparation des lignes les plus utiles au point de vue des intérêts généraux du pays.

Toutefois, de 1833 à 1837, les concessions, peu importantes d'ailleurs, ne s'appliquèrent qu'à des lignes d'une utilité locale ou particulière : de Paris à Saint-Germain (1835), de Montpellier à Cette (1836), de Paris à Versailles, rive droite et rive gauche (1837), de Mulhouse à Thann (1837) et de Bordeaux à La Teste (1837) ; et si, en 1838, le gouvernement présenta aux chambres un projet de loi autorisant la construction, aux frais de l'État, des chemins de Paris en Belgique, au Havre et à Bordeaux, et de Marseille à Lyon, la chambre des Députés, adoptant les conclusions de son rapporteur, François Arago, rejeta ce projet de loi. L'opinion publique se prononçait alors en effet pour l'exécution des chemins de fer par l'industrie privée, opinion que le gouvernement lui-même

avait d'abord soutenue en 1837, et les lignes de Strasbourg à Bâle, de Paris à la mer, de Paris à Orléans et embranchements, de Lille à Dunkerque, formant un réseau de 624 kilom., furent concédées en 1838. « Mais l'absence du concours de l'État, qui abandonnait les compagnies à leurs propres ressources, le peu de confiance qu'inspiraient encore ces spéculations nouvelles, les agitations politiques de 1839, les complications extérieures de 1840, s'opposèrent à la réalisation de ces entreprises. Les concessions des lignes de Paris à Rouen et au Havre, et de Lille à Dunkerque, furent résiliées dès 1839, et, en 1840, l'État dut venir en aide aux deux autres. Par la loi du 15 juillet 1840, il accorda : à la compagnie d'Orléans, une prolongation de jouissance et une garantie d'intérêt ; à la compagnie de Strasbourg à Bâle, un prêt de 12 600 000 fr. ; à celle d'Andrezieux à Roanne, un prêt de 4 000 000 de fr. Par la même loi une somme de 24 millions fut affectée à l'exécution, aux frais du Trésor, des chemins de fer de Montpellier à Nimes et de Lille et de Valenciennes à la frontière de Belgique. Enfin une autre loi, portant la même date, concéda la ligne de Paris à Rouen avec un nouveau cahier des charges. (*Documents statistiques.*)

Ainsi, à la fin de 1841, la France ne possédait encore qu'un petit nombre de chemins de fer ayant ensemble une longueur de 885 kilom., dont 79 kilom. étaient construits par l'État et dont 569 seulement étaient livrés à l'exploitation.

Mais l'année 1842 fut une année mémorable dans l'histoire des chemins de fer français.

En effet, la loi présentée le 7 février 1842, et promulguée le 11 juin, détermina les grandes artères du réseau national sur lesquelles devaient venir plus tard s'embrancher les ramifications accessoires ; elle arrêta en outre un système pour l'exécution de ces grandes lignes, si importantes au triple point de vue commercial, administratif et stratégique, dont elle soumettait ainsi à des vues d'ensemble et à une pensée vraiment gouvernementale le tracé et la construction.

Les lignes classées par cette loi sont celles qui rayonnent de Paris :

Sur la frontière de Belgique par Lille et Valenciennes ;

---

1. *Documents statistiques sur les chemins de fer* publiés par ordre de S. E. le Ministre de l'Agriculture, du Commerce et des Travaux publics. Paris, Imprimerie Nationale, 1856. La plupart des renseignements que renferme cette Introduction sont empruntés à l'intéressant rapport publié sous ce titre.

Sur l'Angleterre;

Sur la frontière d'Allemagne par Strasbourg;

Sur la Méditerranée par Lyon, Marseille et Cette;

Sur la frontière d'Espagne par Tours, Poitiers, Bordeaux et Bayonne;

Sur l'Océan par Nantes;

Sur le centre de la France par Bourges.

Un amendement de la chambre des Députés y ajouta deux grandes lignes transversales de la Méditerranée sur le Rhin par Lyon, Dijon et Mulhouse, et de l'Océan sur la Méditerranée par Bordeaux, Toulouse et Marseille.

La loi de 1842, qui ouvrait un crédit de 125 millions pour commencer la construction des grandes lignes classées, et un autre crédit de 1 500 000 fr. pour la continuation des études, avait pour base fondamentale le système suivant : les localités traversées par les chemins de fer contribuaient pour les deux tiers à l'acquisition des terrains [1]. Outre le dernier tiers restant, l'État prenait à sa charge les terrassements et les ouvrages d'art; il laissait à l'industrie privée l'achat et la pose des rails, l'achat du matériel et l'exploitation. On n'aurait pu toutefois, sans méconnaître la nature des choses, soumettre tous les chemins de fer à un mode uniforme d'exécution. La loi de 1842 tint compte de cette diversité nécessaire, et, tout en établissant un système général, elle réserva (par l'adoption d'un amendement de M. Duvergier de Hauranne) la faculté d'accorder des concessions sur des bases et dans des conditions différentes. L'expérience a depuis justifié cette sage prévision.

En même temps, une autre loi, promulguée également le 11 juin 1842, concédait le chemin de fer de Rouen au Havre, avec une subvention de 8 millions et un prêt de 10 millions, et accordait à la compagnie de Paris à Rouen un prêt de 4 millions pour concourir à la dépense de la traversée de Rouen.

Ces mesures décisives, qui furent secondées d'ailleurs par la création d'une division chargée spécialement de l'étude des questions de chemins de fer et par la nomination de plusieurs commissions, eurent bientôt les plus importants résultats. Déjà, en 1842, l'État avait ouvert à la circulation les sec-

tions de Lille et de Valenciennes; en 1843, les lignes de Paris à Orléans et de Paris à Rouen purent être livrées au public; et la section d'Avignon à Marseille fut concédée à une compagnie qui se chargea de la construire moyennant une subvention réglée à forfait.

En 1844, de nouvelles lois déterminèrent les tracés des lignes de Paris à Lyon, à Strasbourg et à Bordeaux, ainsi que celles du Nord et du Centre (le chemin d'Orléans à Vierzon reçut un double prolongement, l'un sur Limoges par Châteauroux, l'autre sur Clermont par Nevers), établirent une triple communication entre la France et l'Angleterre par les trois ports rivaux du Nord : Boulogne, Calais, Dunkerque, et ajoutèrent au réseau ainsi développé la ligne de Paris à Rennes. Les lignes de Lyon et de Strasbourg, qu'on avait d'abord songé à réunir sur un tronc commun d'une plus ou moins grande longueur, durent suivre deux directions complétement divergentes; mais, pour desservir la région qu'elles laissaient entre elles, on classa la ligne de Montereau à Troyes.

Après avoir ainsi réglé le parcours des principaux chemins de fer, le gouvernement et les chambres avaient à régler les clauses de leur concession. Le chemin de fer d'Orléans à Bordeaux et celui du Centre, avec son double prolongement, furent concédés dans le système de la loi de 1842 pour une durée maximum de quarante ans environ. L'exploitation de la ligne de Montpellier à Nîmes, entièrement achevée par l'État, fut affermée, en novembre 1844, pour un bail de 12 ans, par voie d'adjudication; l'ouverture en eut lieu le 9 janvier 1845. La concession séculaire des lignes d'Amiens à Boulogne et de Montereau à Troyes fut autorisée, à la condition que tous les travaux seraient exécutés par les compagnies concessionnaires. La première de ces concessions fut réalisée dans l'année, et la seconde dans les premiers jours de l'année suivante.

Dans cette même année 1844, eurent lieu les concessions des lignes de Paris à Sceaux et du chemin de fer atmosphérique, destinées à expérimenter, la première, un système de wagons articulés qui permit aux convois de circuler facilement sur des courbes de faible rayon; la seconde, un système de locomotion qui leur permit de franchir de fortes rampes.

----

1. Cette disposition fut abrogée par la loi du 19 juillet 1845.

A cette époque, l'exécution par l'industrie privée inspira les mêmes défiances qui s'étaient manifestées en 1838 contre l'exécution par l'État. La forme des négociations et des traités avec les compagnies se modifia. L'État adjugea avec publicité et concurrence les lignes dont la concession avait été réglée par les Chambres. Dans toutes ces adjudications, à l'exception de celle de Montpellier à Nîmes, le rabais portait sur la durée de la concession. L'adjudication n'amena un rabais important que sur la concession de la ligne d'Orléans à Bordeaux, dont la durée fut réduite de 41 ans à 27.

Cependant l'extension que prenaient les chemins de fer rendit nécessaire un ensemble de dispositions réglementaires ayant pour but d'assurer, outre la conservation des voies, la répression des abus commis, soit, dans l'exploitation, par les compagnies, soit, contre la sûreté publique, par une coupable malveillance, ou seulement par l'imprudence et par l'inobservation des mesures d'ordre : tel fut l'objet de la loi du 15 juillet 1845.

Une autre loi portant la même date autorisa le gouvernement à concéder le chemin de fer du Nord, sur la frontière belge, avec deux embranchements, l'un sur Calais, l'autre sur Dunkerque, et deux lignes accessoires, la première de Creil à Saint-Quentin, la seconde de Fampoux à Hazebrouck.

Plusieurs compagnies s'étaient présentées qui se proposaient de se charger non-seulement de la pose des voies sur les travaux déjà exécutés par l'État et du remboursement de la dépense de ces travaux, mais aussi des terrassements et ouvrages d'art sur les embranchements non encore entrepris. Les adjudications de ces trois chemins donnèrent lieu à des rabais très-considérables.

L'industrie privée manifesta le même empressement pour les autres lignes. Ainsi la concession des chemins de fer de Paris à Lyon et de Lyon à Avignon mit à la charge de la compagnie l'exécution de tous les travaux sans subvention, et moyennant une jouissance de 45 ans pour la ligne de Paris à Lyon et de 50 ans pour la ligne de Lyon à Avignon. Cette durée de jouissance fut réduite à 41 ans pour la première et à 44 ans pour la seconde par le rabais de l'adjudication.

Une loi du 19 juillet concéda : pour 46 ans 286 jours le chemin de fer de Paris à Strasbourg, avec double embranchement sur Reims et sur Metz et Saarbruck, dans le système de la loi de 1842, sauf l'obligation imposée à la compagnie de supporter tous les frais du dernier embranchement ; et pour 34 ans, dans les mêmes conditions, le chemin de fer de Tours à Nantes. La compagnie concessionnaire de ce dernier chemin s'engageait en outre à rembourser à l'État le prix des terrains et bâtiments à acquérir pour l'établissement de la voie. Enfin deux embranchements de la ligne du Havre, sur Dieppe et Fécamp, furent concédés dans le système adopté l'année précédente pour les lignes d'Amiens à Boulogne et de Montereau à Troyes.

« Cet élan si vif vers les chemins de fer fut porté à l'excès, avouent les rédacteurs du rapport présenté au ministre de l'Agriculture, du Commerce et des Travaux publics ; un entraînement exagéré disposait en effet les compagnies à accepter des engagements trop lourds qu'elles ne pourraient remplir dans des circonstances critiques, et qui les obligeraient alors à demander à l'État une onéreuse assistance. »

L'année 1846 vit se réaliser les premiers grands résultats des efforts déjà faits, des travaux entrepris dans les années antérieures. Le 2 avril, le chemin de Paris à Bordeaux, déjà ouvert de Paris à Orléans, fut livré à la circulation jusqu'à Tours et atteignit un parcours de 239 kilomètres. Quelques semaines plus tard, le 20 juin, eut lieu l'inauguration de la ligne entière du Nord entre Paris et Bruxelles.

En outre, quelques-unes des lois précédentes recevaient leur exécution, et de nouvelles entreprises se décidaient. Le 11 juin, l'adjudication du chemin de Lyon à Avignon fut approuvée ; et deux lois, datées du 21 juin, autorisèrent la concession des lignes de Bordeaux à Cette (66 ans avec une subvention de 15 millions), de Paris à Cherbourg et de Paris à Rennes : cette dernière devant un jour être prolongée jusqu'à Brest. Une voie transversale, dirigée de Caen sur Rouen d'un côté, sur le Mans de l'autre, devait mettre les lignes de Normandie et de Bretagne en communication avec celles de l'Ouest et du Centre. Enfin des concessions éventuelles vinrent compléter d'autres points du réseau général ; les Chambres autorisèrent le gouvernement à mettre en adjudication le chemin de Saint-Dizier à Gray, destiné à relier les lignes de Lyon et de Strasbourg, celui de Dijon à Mulhouse, qui créait une communication directe entre le Rhin et la Méditerranée, enfin l'embranchement de Dole à Salins.

Malheureusement l'exécution de ces vastes projets se trouva subitement ralentie par la crise commerciale et financière de 1847. Non-seulement aucune compagnie nouvelle ne se forma, mais plusieurs de celles qui existaient succombèrent sous le poids de leurs engagements. Pour quelques-unes, la déchéance dut être prononcée. L'État accorda à d'autres, et sous diverses formes, les secours dont elles avaient besoin. Toutefois, le réseau, au 31 décembre 1847, comprenait 4702 kil., dont 1830 étaient livrés à l'exploitation. Cinquante départements étaient ou devaient être desservis sur une longueur moyenne de 94 kilom.; 22 l'étaient déjà sur une longueur moyenne de 83 kilom.

Les événements de 1848 devaient avoir pour l'industrie des chemins de fer des résultats plus funestes que la crise de 1847. L'État se vit contraint de mettre sous le séquestre les chemins d'Orléans (4 avril), de Bordeaux à la Teste (30 octobre), de Marseille à Avignon (21 novembre), de Paris à Sceaux (29 décembre). Un moment même (17 mai) la Commission exécutive proposa le rachat de tous les chemins de fer. Mais celui de Paris à Lyon fut seul racheté. Aux termes du décret du 17 août, les actionnaires reçurent pour chaque action libérée de 250 fr. une rente 5 pour 100 de 7 fr. 50 c. Pendant l'année 1848 (le 4 décembre), l'embranchement du Guétin à Nevers (11 kilom.) fut donné à bail à la compagnie du Centre.

Aucune concesion n'eut lieu en 1849 et en 1850. Mais une loi du 13 mai 1851 autorisa le ministre des Travaux publics à concéder directement le chemin de fer de l'Ouest à une compagnie formée en majeure partie de capitalistes étrangers. Une autre loi du 1er décembre de la même année autorisa la mise en adjudication du chemin de fer de Lyon à Avignon; cette adjudication n'eut lieu que l'année suivante.

Toutefois, si, de 1848 à 1851, les travaux s'étaient continués avec une activité moins grande, les compagnies existantes avaient livré à l'exploi-

tation : en 1848, 392 kilom.; en 1849, 639 kilom.; en 1850, 152 kilom. Mais la longueur exploitée, qui aurait dû être de 4702 kilom., n'était que de 3538 kilom., et le réseau ne s'était augmenté que de 250 kilom. (14 kilom. de Bourg-la-Reine à Orsay, 2 kilom. le raccordement de Viroflay, et 234 kilom. de Lyon à Avignon.)

Les événements de décembre 1851 eurent pour résultat d'imprimer une forte impulsion aux travaux publics. Dès le 11 de ce mois, un décret prescrivait l'exécution autour de Paris d'un chemin de fer de Ceinture qui relierait les diverses lignes, et sur lequel les marchandises, transportées à la volonté des expéditeurs, circuleraient d'une gare à l'autre sans quitter les rails, évitant ainsi les inconvénients du transbordement et les frais du camionnage.

L'année 1852 fit entrer les chemins de fer dans une phase nouvelle, celle de la réunion ou, suivant l'expression adoptée, de la *fusion* des diverses compagnies qui exploitaient les différentes sections des grands groupes du réseau général. L'inauguration de ce système fut précédée par l'adjudication de deux chemins mis sous le séquestre en 1848, celui de Lyon à Avignon (3 janvier) et celui de Paris à Lyon (5 janvier). Quelques semaines après (12 février), un décret concédait une ligne qui, s'embranchant à Dijon sur la ligne de Lyon, devait aboutir à Besançon et se prolonger ultérieurement jusqu'à Mulhouse, réalisant ainsi la prévision de la loi de 1842, qui avait voulu établir une communication directe entre la Méditerranée et le Rhin.

La première fusion fut (19 février) celle des lignes du Nord avec la ligne d'Amiens à Boulogne. Les lignes accessoires de Saint-Quentin à la frontière belge par Maubeuge, du Cateau à Somain, de la Fère à Reims par Laon, de Noyelles à Saint-Valery-sur-Somme, complétèrent le réseau de ce groupe.

Un décret du 27 mars approuva la fusion des lignes reliant ou devant relier Paris avec Nantes, la Rochelle, Bordeaux, Clermont, Limoges, Nevers et Rochefort (un nouvel embranchement y rattacha ce port), et constitua ainsi un immense réseau qui touchait à la fois à la Seine, à la Loire et à la Garonne.

Un troisième groupe fut formé (8 juillet) des lignes de Paris à Lyon, Lyon à Avignon, et des embranchements dirigés sur Aix, Marseille, Toulon, Beaucaire, Nîmes, Montpellier, Cette, Alais et la Grand'Combe.

Deux lois du 8 juillet de la même année concédèrent : 1° le chemin de Paris à Cherbourg par Mantes, Évreux et Caen, avec deux embranchements (de Serquigny à Rouen, de Mézidon au Mans) qui relieront ce chemin à ceux de Rouen et de Rennes ; 2° le chemin de fer de Bordeaux à Cette et le canal latéral à la Garonne. Un décret du 24 août compléta le réseau du Midi en concédant les chemins de fer de Bordeaux à Bayonne et de Narbonne à Perpignan.

· Dans le courant de la même année, des lignes accessoires avaient été concédées pour faciliter les communications internationales, ouvrir de nouveaux débouchés à diverses localités industrielles et les rattacher au réseau général : Dole à Salins (12 février) ; Strasbourg à la frontière bavaroise par Wissembourg (25 février); Metz à Thionville (25 mars); Blesmes à Gray (26 mars); Béziers à Graissessac (27 mars); Provins aux Ormes (28 juill.).

L'ensemble des concessions de l'année 1852 formait un total d'environ 3000 kilom.

La base générale de toutes ces concessions était une jouissance séculaire avec une garantie d'intérêt par l'État, qui obtint, en échange, le remboursement des sommes qu'il avait dépensées et le partage des bénéfices à une époque fixée et au delà d'un chiffre déterminé.

Les ouvertures effectuées dans le courant de l'année augmentèrent de 314 kilom. le parcours des chemins exploités.

En 1853, un décret du 21 avril concéda la ligne du Grand-Central, dirigée de Bordeaux sur Lyon, avec embranchements sur Limoges, Agen, Montauban et Clermont.

Les sections de Clermont à Lempdes, de Montauban au Lot et de Coutras à Périgueux, qui devaient desservir des établissements métallurgiques importants, furent aussi définitivement concédées.

De nouvelles fusions s'accomplirent la même année : 1° la ligne principale de Paris à Strasbourg, es lignes secondaires de Montereau à Troyes, de Blesmes à Gray, les embranchements de Reims,

Forbach, Thionville, et deux nouveaux chemins de Paris à Mulhouse et de Nancy à Gray, formèrent le réseau de l'Est (17 août). Les chemins de fer qui reliaient le Rhône à la Loire (17 mai), d'abord réunis entre eux, furent, un peu plus tard (26 décembre), annexés à la ligne du Grand-Central, dont ils devinrent une section.

D'autre · part, de nouvelles lignes secondaires prolongèrent le réseau existant : de Reims à Mézières, Charleville et Sedan (20 juillet); de Besançon à Belfort (17 août) ; de Tours au Mans (17 août); de Nantes à Saint-Nazaire, (17 août); d'Auxerre à la ligne de Lyon (17 août); de Beauvais à celle du Nord; de Saint-Denis à Creil, (13 août); de Lyon à Genève (30 avril); de Saint-Rambert à Grenoble (7 mai).

En 1853, on ouvrit 191 kilom. seulement.

Le système de fusion se continua en 1854. Le réseau de l'Est s'augmenta (20 avril) des lignes de Strasbourg à Bâle et à Wissembourg, et d'un prolongement destiné à relier la ligne de Paris à Strasbourg avec les chemins allemands (20 avril).

Un décret de la même date réunit à la ligne de Paris à Lyon le chemin de Dijon à Besançon et Belfort, avec un embranchement d'Auxonne à Gray, et lui concéda les lignes accessoires de Châlon-sur-Saône à Dole et de Bourg à Dole ou Besançon par Lons-le-Saulnier, destinées à ouvrir aux fabriques alsaciennes des débouchés faciles sur Lyon et Marseille. Le groupe du Midi s'accrut de son côté d'un chemin dirigé d'Agde sur Clermont et Lodève par Pézenas (19 août). L'année 1854 ajouta ainsi au réseau général 353 kilom., et 599 kilom. nouveaux furent livrés à l'exploitation.

L'année 1855 vit, comme l'année 1854, s'opérer de nouvelles fusions.

Un décret du 7 avril approuva la réunion des compagnies propriétaires des lignes de Paris à Saint-Germain et embranchements, de Paris à Rouen, de Rouen au Havre, Dieppe et Fécamp, de Paris à Caen et à Cherbourg, et de l'Ouest. Le groupe ainsi constitué obtint la concession de voies accessoires destinées à compléter son réseau : Serquigny à Rouen, Séez à Conches, Lisieux à Honfleur, Argentan à Granville, le Mans à Angers, Rennes à Brest, à Saint-Malo, à Redon.

Un second décret de la même date, complétant la ligne du Grand-Central, concéda définitivement la section du chemin de fer de Clermont à Montauban, comprise entre Lempdes et la rivière du Lot; les sections du chemin de Bordeaux à Lyon, comprises, l'une entre Saint-Étienne et le chemin de Clermont à Montauban, l'autre entre ce dernier chemin et Périgueux; enfin, la ligne de Limoges à Agen. A ce réseau s'ajouta la ligne de Saint-Germain-des-Fossés à Roanne, concédée antérieurement à la compagnie d'Orléans et cédée par celle-ci au Grand-Central. Enfin, cette dernière compagnie prit l'engagement de concourir, sur les bases du système de 1842, à la construction d'embranchements dirigés sur Cahors, Villeneuve-d'Agen, Bergerac et Tulle, dans le cas où l'État les entreprendrait, en contribuant sur les mêmes bases à la dépense.

Un décret de la même date autorisa les trois compagnies du Grand-Central, d'Orléans et de Lyon, à entreprendre une seconde ligne de Paris à Lyon par le Bourbonnais.

Enfin, plusieurs raccordements furent accordés à la compagnie d'Orléans, pour relier ses lignes à celles de l'Ouest : de Savenay à Redon, de Redon à Quimper et Châteaulin, de Napoléonville à Lorient (20 juin).

Les diverses concessions qui viennent d'être énumérées augmentèrent le réseau de 1711 kilom., et, pendant l'année 1855, 894 kilom. furent livrés à l'exploitation.

Aucune concession n'eut lieu en 1856, mais les compagnies exploitèrent 967 kilom. nouveaux.

En 1857, 1263 kilom. furent ouverts et près de 4000 concédés. Les compagnies d'Orléans, de Paris à Lyon et de Lyon à la Méditerranée se partagèrent le réseau du Grand-Central et obtinrent, en échange des sacrifices qu'elles s'imposaient, de nouvelles lignes qui complétèrent leurs anciens réseaux; la compagnie d'Orléans absorba, en outre, le chemin de Paris à Sceaux et à Orsay. La compagnie de Saint-Rambert à Grenoble, devenue la compagnie des chemins de fer du Dauphiné, augmenta sa ligne unique de deux lignes plus directes de Lyon et de Valence à Grenoble; le réseau pyrénéen fut accordé à la compagnie du Midi, qui prolongea jusqu'à Arcachon sa ligne de Bordeaux à la Teste, et qui se chargea de la construction des routes agricoles des Landes. Les deux compagnies de l'Est et des Ardennes étendirent aussi leurs deux réseaux, qu'elles devaient plus tard réunir en un seul. Enfin, une compagnie nouvelle demanda et obtint la concession d'un chemin de fer de Bordeaux au Verdon.

Les remaniements importants des réseaux qui eurent lieu en 1857, permirent au gouvernement d'imposer aux compagnies existantes un cahier des charges uniforme.

Au 1er janvier 1858, le réseau des chemins de fer français, ainsi constitué, avait une étendue totale de 13 960 kilom.

En s'attachant seulement aux caractères généraux, on distingue, d'après les *Documents statistiques*, trois grandes phases dans l'histoire qui vient d'être résumée. Jusqu'en 1837, les lignes concédées n'ont qu'un faible parcours; elles semblent plus spécialement destinées, soit au transport des marchandises (lignes de Rhône et Loire, d'Alais à Beaucaire et à la Grand'Combe), soit au transport des voyageurs (chemins de banlieue, Versailles et Saint-Germain).

« De 1838 à 1846, ce sont des lignes de plus long parcours, que leur situation comme leur établissement semblent destiner à devenir ultérieurement les artères principales du réseau; mais elles sont encore isolées les unes des autres.

« De 1851 à ce jour, 30 juin 1855, on sent le double besoin de réunir en un seul faisceau toutes les lignes isolées et de relier le réseau à ceux des États voisins. La concession du chemin de fer de Ceinture et des nombreuses lignes transversales, d'une part, l'extension du réseau vers des points nombreux du littoral et de la frontière, d'autre part, répondent à ce qu'il y a de plus pressant dans ce double besoin.

.« Des 11 496 kilom. dont le pays est aujourd'hui doté, 11 482 kilom. se rapportent à ces trois phases, savoir : 402 kilom. à la première, 4300 kilom. à la deuxième et 6 780 à la troisième. Les 14 kilom. complémentaires se rapportent à la période de 1847 à 1851. » (*Documents statistiques.*)

Le réseau des chemins de fer français a son

centre à Paris; c'est de la capitale de la France que partent les grandes lignes, reliées entre elles par le chemin de fer de Ceinture, pour se diriger sur les points principaux du littoral et de la frontière. Sur le littoral, elles vont aboutir à tous les ports militaires ou marchands; sur la frontière, elles touchent à la Belgique, à la Prusse, à la Suisse, à la Savoie, à la Sardaigne et à l'Espagne; elles mettent ainsi la France entière en communication directe et continue avec toutes les contrées qui la bornent au nord, à l'est et au sud; elles desservent non-seulement toutes les villes principales de l'intérieur, mais tous les centres industriels ou commerciaux; elles traversent ou doivent traverser 82 départements favorisés inégalement, il est vrai, eu égard à l'étendue de leur territoire et à l'importance de leur population, mais desservis en définitive sur une longueur moyenne de 150 kilom. [1], dans une proportion moyenne de 32 kilom. par 100 000 habitants, et de 2 kilom. par myriamètre carré. Comparée à l'étendue des autres voies de communication, la longueur des chemins de fer concédés dépasse celle des canaux; elle représente plus de 80 pour 100 de la longueur des voies navigables, et plus de 30 pour 100 de celle des routes impériales.

Les renseignements qui vont suivre sont tous empruntés, on le conçoit, aux *Documents statistiques*, qu'il nous a été impossible de compléter sur ces divers points. Ils s'arrêtent par conséquent à la fin de l'année 1854 ou au 30 juin 1855. Nous les classons comme ils l'ont été dans le rapport que nous nous bornons à résumer.

ORGANISATION ADMINISTRATIVE ET FINANCIÈRE.

Concessions. — Au 30 juin 1855, le nombre des lois, ordonnances et décrets relatifs aux chemins de fer, s'élevait à 436; mais celui des actes de concession n'était que de 78. Ces concessions, comprenant 11 496 kilom., avaient été délivrées soit directement (61), soit par voie d'adjudication publique (17). Les 17 concessions par voie d'adjudition publique comprenaient 2992 kilom. C'est donc environ 22 pour 100 du nombre des conces-

1. Cette longueur varie de : 1 kil. (Basses-Pyrénées) à 392 kilom. (Seine-et-Oise).

sions, et 26 pour 100 de la longueur concédée. Elles se partageaient ainsi :

De 1823 à 1837, cinq concessions de 232 kilom. avec rabais portant sur les tarifs;

De 1837 à 1845, dix concessions de 2474 kilom. avec rabais portant sur la durée de la concession;

En 1844, une concession de l'exploitation d'une ligne construite par l'Etat, Montpellier à Nîmes, de 52 kilom. (l'enchère portant sur la redevance à payer à l'Etat);

En 1852, une concession de 234 kilom. (de Lyon à Avignon), (le rabais portant sur la subvention à fournir par l'Etat).

En réalité, on peut dire qu'il n'existe qu'un seul cahier des charges applicable dans ses dispositions constitutives à toutes les concessions, modifié seulement pour quelques-unes, suivant les époques de concession et suivant la nature des lignes concédées. Mais, si les conditions générales varient peu, il n'en a pas été de même des conditions spéciales relatives à l'établissement (nombre de voies, limites des pentes et rampes, rayon des courbes), à la part de l'État dans les travaux, au concours financier de l'État et des localités, à la participation de l'État dans les bénéfices, aux variations dans les tarifs et à la durée des concessions. La plupart de ces conditions seront indiquées ci-dessous dans les résumés historiques consacrés à chaque compagnie. Nous n'avons donc à enregistrer ici que quelques faits généraux.

Part de l'État dans l'exécution des travaux. — Sur les 11 496 kilom. concédés, la longueur des lignes exécutées ou à exécuter par l'État a été de 3072 kilom. :

483 kilom. ont été exécutés et exploités par l'État avant d'être remis aux compagnies concessionnaires;

379 kilom. ont été remis aux compagnies complétement terminés, mais avant l'exploitation;

2071 kilom. ont été ou doivent être exécutés dans le système de la loi du 11 juin 1842;

Enfin 139 kilom. ont été livrés aux compagnies à divers degrés d'avancement.

Prêts de l'État. — L'État a en outre prêté à sept compagnies 58 600 000 fr., dont 20 085 590 fr., soit 34 pour 100, lui avaient été remboursés en argent au 31 décembre 1854, et le reste, par suite de la conversion des annuités, en obligations échelonnées à diverses échéances.

Travaux remboursables. — Au 31 décembre

1854, douze compagnies avaient 253 549 598 fr. de travaux à rembourser à l'État, et elles lui avaient déjà remboursé 203 993 526 fr.

Subventions de l'État et des localités. — Pour plusieurs compagnies, l'État ne s'est pas borné à de simples avances, mais il leur est venu en aide d'une manière plus efficace, soit par des travaux dont il n'exigeait pas le remboursement, soit par des subventions en argent. La somme des subventions de l'État en argent et en travaux s'élevait, le 30 juin 1855, à 904 408 754 fr. pour 11 996 kilom. concédés, soit 78 671 fr. par kilom.

Au 31 décembre 1847, déduction faite des engagements qui se rapportaient aux concessions abandonnées ou frappées de déchéance, le concours de l'État était représenté

par plus de. . . . . . . 130 000 fr. par kil.

Après la révolution de
1848, il s'était élevé à. . . 140 000

Au 31 décembre 1854, il
était descendu à. 83 730

Il n'est plus que de. . . . 78 671

Les subventions des localités n'atteignent qu'à environ 3 pour 100 de celles de l'État; elles s'élevaient :

En 1845, à. . . . . 2 108 957 fr., soit 8 p. 100
En 1852, à. . . . . 16 785 000   —   60 —
(non compris 15 000 fr. retirés par la commune de Neuilly).
Le 30 juin 1855, à. . . . . 9 000 000   —   32 —

Ensemble. . . . . . . 27 893 957 fr.

En résumé, par suite des subventions accordées, les dépenses à la charge exclusive des compagnies se trouvent réduites, en moyenne, à environ 76 pour 100 des dépenses totales d'établissement.

Garantie d'intérêts. — La garantie d'intérêt par l'État sur un capital déterminé s'élevait, au 30 juin 1855, à 1 554 745 000 fr., soit 61 302 800 fr. annuellement; les garanties par les localités ayant été supprimées.

La répartition de ces deux sommes, eu égard aux époques où les garanties ont été consenties, se trouve indiquée dans les tableaux suivants :

ANNÉES.	CAPITAL GARANTI.	ANNUITÉS.
1840.	40 000 000	1 600 000
1849.	70 000 000	3 100 000
1851.	155 000 000	6 800 000
1852.	799 475 000	32 744 000
1853.	937 375 000	37 358 000
1854.	937 375 000	37 358 000
1855 (30 juin). .	1 554 745 000	61 302 800

COMPAGNIES.	KIL.	CAPITAL garanti.	ANNUITÉS.	PAR kil.
Orléans.	1733	150 000 000	6 000 000	3462
Méditerranée .	624	159 375 000	6 975 000	11178
Ouest.	2059	509 370 000	19 624 800	9581
Lyon	923	222 100 000	8 939 000	9685
Midi.	800	118 000 000	4 720 000	5900
Dole-Salins . .	39	7 000 000	280 000	7177
Genève	214	50 000 000	1 500 000	7009
Bourbonnais. .	681	90 700 000	3 628 000	5327
St-Rambert . .	98	25 000 000	750 000	7653
Orsay	25	4 200 000	126 000	5040
Gr.-Central . .	1143	219 000 000	8 760 000	7664
Total. . .	8339	1 554 745 000	61 302 800	7351

Ces deux tableaux donnent lieu aux observations suivantes :

1° Sur le montant total des garanties consenties par l'État, les cinq centièmes seulement se rapportent aux années antérieures à 1851 (1840 et 1849), tandis que les quatre-vingt-quinze centièmes se rapportent aux années 1851 à 1855, et plus particulièrement aux années 1852 et 1855; savoir : 42 pour 100 en 1852 et 39 pour 100 dans le premier semestre de 1855;

2° L'annuité totale garantie par l'État se répartit entre onze compagnies; mais les quatre-vingt-quinze centièmes en sont attribués aux six compagnies principales d'Orléans, de Lyon à la Méditerranée, de l'Ouest, de Paris à Lyon, du Midi et du Grand-Central;

3° Pour que l'État fut appelé à servir des intérêts à raison de la garantie qu'il a consentie à chaque compagnie, il faudrait que le produit net par kilomètre descendit au-dessous de 7351 fr. Or, dans l'état actuel des choses, et d'après les produits obtenus dans les dernières années, il est facile de reconnaître que, pour toutes les lignes de quelque importance, la garantie est purement nominale et n'engage en rien le Trésor.

Participation de l'État dans les bénéfices. — En échange des charges que l'État s'imposait pour l'exécution des lignes concédées dans le système de la loi du 11 juin 1842, et à titre du prix de ferme pour location du sol qu'il avait acquis et des travaux qu'il avait exécutés, le gouvernement a stipulé à son profit un droit de participation dans les bénéfices.

Au 30 juin 1855, ses droits s'appliquaient sur 5647 kilomètres, près de la moitié du réseau.

Cette participation dans les bénéfices, qui ne se doit faire qu'au-dessus d'un tantum pour 100 fixé par les cahiers de charges sur le capital, est une clause qui n'existe pas pour toutes les Compagnies; l'État en a fait l'abandon pour les unes, et l'a au contraire étendue à d'autres lignes. Ce système s'applique actuellement aux lignes de

Lyon,	Genève,
Méditerranée,	Saint-Rambert,
Grand-Central,	Orsay,
Midi,	Dole-Salins.
Est,	

Durée des concessions. — Les concessions antérieures à 1834, comprenant 214 kilom., ont été perpétuelles. Celles qui suivirent jusqu'en août 1837, comprenant 135 kilom., ont été de 99 ans.

Après la crise financière de 1839, l'État prolongea jusqu'à 99 ans, à l'exception de la ligne de Bordeaux à la Teste, les concessions (624 kilom.) qu'il avait faites du mois d'août 1837 à la fin de 1838 pour une durée moindre que 99 ans. Le système des concessions temporaires prévalut dans la période qui suivit, et jusqu'en 1850. Sur 2786 kilom., 2773 furent concédés suivant ce mode. Le chemin de fer de Paris à Sceaux et le chemin de fer atmosphérique obtinrent seuls une concession de 99 ans. Enfin, de 1851 au 30 juin 1855, le gouvernement revint à la concession séculaire pour les 7955 kilom. qu'il concéda dans cette période. En même temps, il réduisit à 99 ans la durée des concessions perpé-

tuelles antérieures à 1834, et il prolongea, pour la même durée, les concessions temporaires faites pendant les autres périodes.

Différences dans les tarifs réglementaires. — Les tarifs, qui constituent une des conditions les plus importantes des cahiers des charges, avaient des différences qui provenaient des clauses des concessions; mais ces différences se sont modifiées, et aujourd'hui elles sont presque nulles.

DES COMPAGNIES.

Nombre. — De 1823 à 1855, il a été créé successivement 59 compagnies, mais il n'en a jamais existé simultanément plus de 33 (année 1846). Au 30 juin 1855, il n'en restait plus que 24 [1]. 35 avaient donc cessé d'exister; 7 par voie de résiliation, et 28 par voie de fusion.

Organisation financière. — Le coût d'établissement approximatif des lignes concédées aux diverses compagnies ne donne aucune idée de leur position financière, à raison des subventions qui viennent diminuer les dépenses à leur charge exclusive; d'un autre côté, il est nécessaire de connaître quelle est, pour chaque compagnie, la part variable qui, dans ces dépenses, est dévolue au capital social, si l'on veut apprécier ce qu'on peut appeler son organisation financière.

La division des dépenses des compagnies en capital social et en obligations, et la prédominance de la part afférente aux obligations, sont des faits nouveaux.

Jusqu'en 1850, les compagnies n'eurent qu'exceptionnellement recours à la voie des prêts de l'État, ou des emprunts par obligations, pour faire face, soit à des dépenses imprévues, soit à des embarras financiers, et, au 30 décembre 1850, le capital social représentait encore environ 80 pour 100 des dépenses faites ou à faire par les compagnies. Mais, à partir de 1851, le système des emprunts a pris une extension considérable, de manière à ne laisser en général supporter au capital social que la moindre part dans les dépenses.

En 1853, le capital social représentait 45 pour 100 des dépenses à faire;

En 1854, il ne représentait plus que 43 pour 100,

---

1. Ce nombre s'est considérablement réduit depuis.

et en 1855, au 30 juin, il était descendu à 40 pour 100. D'un tableau publié dans les *Documents statistiques* résultent les faits suivants :

11 496 kilomètres concédés devaient coûter 3 907 153 075 fr., dont 932 302 711 fr., soit 81 098 fr. par kilom., à la charge de l'État, et 2 974 850 364, soit 258 773 fr. par kilom., à la charge exclusive des compagnies, et le capital social devait supporter sur cette dépense totale 1 177 200 000 fr., soit 102 408 fr. par kil., ou 39 pour 100.

ÉTABLISSEMENT [1].

Travaux incorporés au sol.

Sous cette division, les *Documents statistiques* comprennent : la voie, le profil en long, le profil en travers, les bâtiments affectés à l'exploitation.

Longueur à une voie. — La longueur des lignes exploitées à une voie représente 21 pour 100 de la longueur totale. Mais il est à remarquer que toutes les lignes comprises dans cette catégorie, excepté celles d'Anzin et de Sceaux, ont été établies, quant aux terrassements et aux ouvrages d'art, dans la prévision de la pose ultérieure de la seconde voie.

Pentes, rampes et courbes. — Au 31 déc. 1853, la longueur des pentes et rampes au-dessus de 0 mèt. 005 cent. par mètre était de 8 pour 100 de la longueur totale du réseau, dont 1 pour 100 seulement de rampes et pentes dépassant 0 mèt. 01 cent. par mètre. La longueur des courbes n'atteignait pas le tiers de la longueur totale. Les courbes dont le rayon est inférieur à 1000 mèt. entrent dans cette proportion pour 9 pour 100 seulement, dont 1 pour 100 en courbes de rayon inférieur à 500 mètres.

Largeur de la voie. — La largeur de la voie est de 1 mèt. 44 cent. à 1 mèt. 45 cent. entre les bords intérieurs des rails. Les wagons pourront donc circuler sur tout le réseau. Lorsqu'un chemin a plus d'une voie, la largeur de l'entre-voie est généralement égale ou supérieure à 1 mèt. 80 cent. (2 mèt. 10 cent. sur le chemin de Paris à Lyon.)

Superficie des terrains acquis. — L'ensemble

1. Les données fournies à cet égard par les *Documents statistiques* se rapportent spécialement à la situation des chemins de fer construits au 30 décembre 1853.

des terrains acquis pour l'établissement des 4063 kilom. livrés à l'exploitation au 31 décembre 1853, était d'environ 13 800 hect., représentant 0 000 27 de la surface de la France et environ 34 hect. par myriamètre de chemin. D'après un relevé fait sur un assez grand nombre de chemins, ces 34 hect. se décomposeraient comme suit :

1° voie ou largeur en couronne...	9 hectares	26	p. 100.
2° stations, ateliers, cours, voies d'évitement....................	3	—	9 —
3° talus, fossés, banquettes, perrés.	17	—	50 —
4° déviations de chemins et cours d'eau.......................	4	—	12 —
5° terrains pouvant être revendus.	1	—	3 —
	34 hectares ou 100.		

Passages à niveau. — Le nombre des passages à niveau est de 6, 8 par myriamètre, variant de 2, 9 à 18. 36 sur 100 sont dépourvus de maisons de garde.

Stations. — Le nombre des stations est en moyenne de 1, 4 par myriamètre, ce qui correspond à un espacement moyen de 7 kilom. entre deux stations. Au 31 décembre 1854, on comptait 696 stations.

Matériel roulant.

Les voitures destinées aux voyageurs se partagent en voitures de première, deuxième et troisième classes. Sur certaines lignes il y a, en outre, des voitures de luxe et des voitures mixtes. Le nombre des places est généralement de

24 pour les voitures de 1re classe, en 3 compartiments à 8 places chacun;

30 pour les voitures de 2e classe, en 3 compartiments à 10 places chacun;

40 pour les voitures de 3e classe, en 4 compartiments à 10 places chacun.

Toutes les voitures sont maintenant couvertes, et presque toutes ferment à vitres.

La proportion pour 100 des voitures des diverses classes est établie ainsi qu'il suit approximativement :

Voitures de 1re classe.............	21 p. 100.
Voitures de 2e classe..............	32 —
Voitures de 3e classe..............	47 —
Total........ ..	100.

Personnel.

Le nombre total des personnes attachées à l'exploitation des chemins de fer était, au 31 décembre 1853, de 31 693. Ce chiffre est beaucoup plus élevé aujourd'hui. On estime qu'il dépassera 80 000 lorsque toutes les lignes seront en exploitation.

Eu égard à l'importance des services, le personnel peut être partagé en trois classes, dont la première comprend les employés supérieurs, la seconde, tous les employés des divers services, la troisième, les ouvriers, manœuvres ou gens de service.

La proportion de chaque classe serait établie comme suit :

1re classe............... 720 ou 2,3 p. 100.
2e classe............... 6849 ou 21,6 —
3e classe............... 24124 ou 76,1 —

Dans le nombre total des employés, le nombre des femmes est en moyenne de 4 pour 100.

Le nombre moyen d'agents employés au service des gares est de 16, 4 par gare.

Le nombre des mécaniciens et chauffeurs est en moyenne de 1, 6 par locomotive, ou autrement, sur 10 locomotives, il y a 8 mécaniciens et 8 chauffeurs. Ces chiffres moyens varient peu d'une ligne à l'autre. Le parcours moyen d'un mécanicien ou chauffeur est de 28 896 kilom. par an; il dépasse 30 000 kilom. sur certaines lignes.

Le parcours moyen des divers agents du service des trains, chefs de train, conducteurs chefs, conducteurs, est d'environ 75 000 kilom. par an; il varie d'une ligne à l'autre, de 50 000 kilom. à 110 000 kilom. suivant la nature des trains, leur parcours, l'époque du parcours de jour ou de nuit, etc., etc. Les mêmes causes le font varier, sur le même chemin, d'un agent à l'autre.

Le nombre des agents de la voie est en moyenne supérieur à 2 par kilomètre, dont environ moitié pour le service de la surveillance et des passages à niveau, et moitié pour le service de l'entretien.

Dépenses d'établissement.

Prix de revient par kilomètre. — Le prix de revient en moyenne de chaque kilomètre a varié selon toutes les époques : au 31 décembre 1836, 142 kilom. exploités avaient coûté 20 millions, soit : 150 000 fr. le kilomètre, soit :

99 000 fr. par kilomètre sur Andrezieux à Saint-Étienne;

260 000 fr. le kilomètre sur Saint-Étienne à Lyon; et

90 000 fr. le kilomètre sur Andrezieux à Roanne. Mais en 1841 le prix du kilomètre monta à 190 000 fr., et il dépassa 400 000 fr. en 1855. Les chemins exceptionnels de Versailles rive droite et rive gauche, et de Saint-Germain, ont coûté environ 800 000 fr. le kilomètre, et le chemin d'Orsay plus de 470 000 fr.

Le tableau suivant montre que les chemins à une seule voie et, à raison même de cette condition, construits dans des régions plus ou moins éloignées de Paris et destinés à un trafic d'une importance secondaire, ont coûté de 109 000 à 276 000 fr., et en moyenne 200 000 fr. en nombre rond; la ligne de Dieppe doit l'élévation de son prix de revient à ses travaux énormes de remblai et de souterrains.

LIGNES OU SECTIONS à une voie.	LON-GUEURS.	DÉPENSES D'ÉTABLISSEMENT.	
		Totales.	Par kilom.
St-Étienne à Andrezieux.	18	3.421.958	190.109
Andrezieux à Roanne. . .	67	11.945.829	178.296
Anzin à Somain.	19	2.237.570	117.767
Montpellier à Cette. . . .	27	5.273.974	195.332
Mulhouse à Thann	21	2.869.096	136.623
Beaucaire à la Gr.-Combe.	89	20.176.525	226.702
Bordeaux à la Teste . . .	53	5.988.417	112.989
Embr. de Montrambert. .	8	1.392.954	174.119
Montereau à Troyes . . .	100	22.143.428	221.434
Dieppe et Fécamp	51	14.110.210	276.671
Asnières et Argenteuil . .	4	435.829	108.957
Ensemble.	457	89.995.790	196.927

Le second tableau montre qu'en général les chemins construits à double voie au 31 décembre 1853 revenaient en moyenne à 320 000 fr. le kilomètre. Ils avaient coûté en effet de 250 000 à 420 000 fr. le kilomètre.

Si les lignes de Saint-Étienne à Lyon et de Tours à Nantes, qui ont nécessité de très-fortes dépenses en ouvrages d'art importants, étaient distraites de ce tableau, la moyenne générale ne dépasserait pas 300 000 fr.

LIGNES OU SECTIONS à deux voies.	LON-GUEURS.	DÉPENSES D'ÉTABLISSEMENT.	
		Totales.	Par kilom.
St-Étienne à Lyon	57	22.122.111	388.107
Strasbourg à Bâle	139	43.996.593	316.522
Montpellier à Nîmes . . .	52	16.217.444	311.874
Orléans à Bordeaux. . . .	461	150.764.365	327.039
Amiens à Boulogne. . . .	123	37.031 912	301.072
Centre.	320	100.096.480	312.802
Creil à Saint-Quentin. . .	102	24.559.525	240.779
Lille à Calais et Dunkerque	145	38.245.687	263.763
Tours à Nantes	195	81.618.536	418.557
Frouard à Saarbruck . . .	122	33.917.940	278.016
Ensemble.	1716	548.570 593	319.679

Décomposition du prix de revient. — Les divers chapitres qui composent le compte total d'établissement y concourent pour des parts bien différentes, comme le prouveront les chiffres suivants :

Les *frais généraux* représentent environ de 3 à 7 pour 100 de la dépense totale. La proportion de 5 pour 100 paraît pouvoir être arrêtée comme expression de la moyenne. Ils s'élèvent en moyenne à 11 399 fr. par kilomètre pour les lignes à une seule voie, et à 16 486 fr. pour les lignes à double voie.

Ainsi sur le chemin du Nord, les frais généraux, comprenant les frais d'études, les frais et charges de la concession, l'administration, la direction et la conduite des travaux et les frais divers, sur 707 kilom., atteignaient 8 723 526 fr.; ils étaient de 200 000 fr. sur le chemin d'Anzin à Somain, (19 kilom.); de 10 670 120 fr. sur les chemins de l'Est, (624 kilom.); de 925 318 fr. sur le chemin de Montereau à Troyes, (100 kilom.); de 772 683 fr. sur la ligne de Saint-Germain, (25 kilom.); de 1 847 301 fr. sur la ligne de Rouen, (131 kilom.); de 3 311 793 fr. sur le Havre, (92 kilom.); de 961 441 fr. sur Dieppe à Fécamp, (51 kilom.); de 4 779 861 fr. sur l'Ouest, (147 kilom.); de 501 146 fr. sur le chemin d'Orsay, (11 kilom.); de 23 111 296 fr. sur le chemin d'Orléans, (1 109 kilom.); de 5 658 802 fr. sur le chemin de Lyon, (383 kilom.); de 1 541 846 fr.

sur le Grand-Central, (150 kilom.); de 54 805 fr. sur le chemin de Ceinture, (7 kilom.).

Le payement, pendant la durée des travaux, des *intérêts* des sommes versées, a occasionné aux compagnies une dépense qui est généralement restée au-dessous de 5 pour 100 du capital de premier établissement.

Les *dépenses* pour *l'acquisition des terrains* ont tellement varié, non-seulement pour les divers chemins, mais pour les diverses sections d'un même chemin, qu'il est impossible d'établir une moyenne concluante. Ainsi, sur la ligne de Versailles (rive gauche), elles se sont élevées à 117 419 fr. par kilomètre, tandis que pour la ligne d'Andrezieux à Roanne elles n'ont été que de 18 298 fr. Telle section de la ligne de Strasbourg a coûté 250 000 fr. le kilom.; telle autre, 23 000 fr. seulement. Toutefois, en s'attachant seulement aux lignes ou sections de lignes que l'on peut considérer comme placées dans des conditions moyennes, on arrive au résultat suivant : sur 13 lignes comprenant ensemble 1830 kilom., les dépenses en acquisitions de terrains s'élèvent :

Par kilomètre, à 30 718 fr., en moyenne variant de 18 298 fr., d'Andrezieux à Roanne, à 44 609 fr., ligne de Tours à Nantes;

Par hectare, à 9 102 fr., en moyenne variant de 6 121 fr., ligne du Gard, à 12 134 fr., d'Amiens à Boulogne.

On trouvera dans les *Documents statistiques* de curieux renseignements sur les prix : des terrassements et ouvrages d'art courant; des ouvrages d'art exceptionnels (viaducs, ponts et souterrains); des clôtures, maisons de gardes et passages à niveau; de l'établissement de la voie de fer (115 000 fr. par kilom., variant de 80 000 à 120 000 fr.); des accessoires de la voie ; de l'alimentation des machines; du télégraphe électrique (218 fr. par kilomètre pour les lignes à double voie, 203 fr.[1] pour les lignes à simple voie). Nous nous bornerons à reproduire ici la récapitulation suivante, qui termine la troisième section.

En rapprochant les moyennes applicables à une ligne de chemin de fer établie à une voie, les ter-

---

1. Ces chiffres devraient être augmentés de 100 fr. environ si le service exigeait un fil de plus; de 150 fr. si les poteaux étaient placés aux frais de la compagnie, etc.

rains étant acquis et les ouvrages d'art exécutés pour deux voies, on arrive à une dépense totale de 227 975 fr. par kilom., qui se décompose comme suit :

Frais généraux...............	11 399 fr. ou	5	p. 100 de la dépense totale.
Acquisitions de terrains.......	30 718	—	13,5	—
Terrassements et ouvrages d'art [1]	75 905	—	33,3	—
Voie de fer et accessoires [2]....	65 850	—	28,9	—
Gares et dépendances [3]...	10 000	—	4,4	—
Dépenses diverses [4]...........	10 103	—	4,4	—
Matériel roulant..............	24 000	—	10,5	—
Ensemble........	227 975 fr. ou 100			

En rapprochant de même les chiffres applicables à une ligne à deux voies, on arrive à une dépense totale de 329 712 fr. par kilomètre, qui se décompose comme suit :

Frais généraux	16 486 fr. ou	5	p. 100 de la dépense totale.
Acquisitions de terrains.......	30 718	—	9,3	—
Terrassements et ouvrages d'art [5]	89 390	—	27,1	—
Voie de fer et accessoires [6]....	120 700	—	36,6	—
Gares et dépendances [7]........	14 000	—	4,2	—
Dépenses diverses [8]...........	10 418	—	3,2	—
Matériel roulant..............	48 000	—	14,6	—
Ensemble........	329 712 fr. ou 100			

1. Dont, en terrassements, 53 939 fr. ou 71 pour 100, et en ouvrages d'art, 21 966 fr. ou 29 pour 100.

2. Dont, pour la voie de fer, 62 700 fr. ou 95 pour 100, et, pour les accessoires, 3150 fr. ou 5 pour 100. La dépense pour la voie de fer se subdivise elle-même : en ballast, 17 pour 100 ; pose, 7 pour 100 ; voie proprement dite, 76 pour 100. La dépense pour les accessoires se subdivise elle-même : en plaques tournantes, 57 pour 100 ; changements de voie, 29 pour 100 ; signaux fixes et outillage de la voie, 14 pour 100.

3. Dont, en gares de 1re cl., 5000 fr. ou 50 pour 100 ; en gares de 2e cl., 1200 fr. ou 12 pour 100 ; en gares de 3e cl., 3800 fr. ou 38 pour 100.

4. Dont, en clôtures, maisons de garde et passages à niveau, 6500 fr. ou 64 pour 100 ; en mobilier, 2400 fr. ou 24 pour 100 ; en alimentation de machines, 1000 fr. ou 10 pour 100 ; et pour le télégraphe électrique, 203 fr. ou 2 pour 100.

5. Dont, en terrassements, 67 424 fr. ou 75 pour 100, et en ouvrages d'art, 21 966 fr., soit 25 pour 100.

6. Dont, pour la voie de fer, 115 000 fr. ou 95 pour 100, et pour les accessoires, 5700 fr. ou 5 pour 100.

7. Dont, en gares de 1re cl., 7000 fr. ou 50 pour 100 ; en gares de 2e cl., 1480 fr. ou 12 pour 100 ; en gares de 3e cl., 5320 fr. ou 38 pour 100.

8. Dont, en clôtures, maisons de garde et passages à niveau, 6500 fr. ou 62 pour 100 ; en mobilier, 2700 fr. ou 26 pour 100 ; en alimentation des machines, 1000 fr. ou 10 pour 100 ; et pour le télégraphe électrique 218 fr. ou 2 pour 100.

EXPLOITATION [9].

Voyageurs. — En 1853, la longueur moyenne exploitée étant de 3978 kilom., il a été délivré 24 685 320 billets, dont 97 pour 100 à prix complet et 3 seulement pour 100 à prix réduit ; 11 pour 100 de première classe, 41 pour 100 de deuxième classe, et 48 pour 100 de troisième classe. En 1854, ces chiffres se sont modifiés ainsi qu'il suit :

Longueur moyenne exploitée.....	4348
Nombre de billets	28 070 458
Billets à prix complet......	95 p. 100
Billets à prix réduit.............	5 —
Billets de 1re classe...	11 —
Billets de 2e classe..............	40 —
Billets de 3e classe..............	49 —

Pour les lignes où l'on ne compte que deux classes de voitures, la répartition est établie comme suit : 1re classe, de 13 à 14 pour 100, 2e classe, de 87 à 86 pour 100.

Pour les lignes où l'on compte trois classes de voitures, les voyageurs se répartissent entre ces trois classes dans les proportions ci-après : 1re classe 10 pour 100 ; 2e classe, 24 pour 100 ; 3e classe, 66 pour 100.

En 1854, le nombre des billets délivrés aux gares de Paris a dépassé 24 pour 100 du nombre total des billets délivrés sur tout le réseau ; mais sur 36 807 billets distribués moyennement chaque jour à Paris ou pour Paris, 26 775 l'ont été pour une station de la banlieue ou à une station de la banlieue.

Sur trois des lignes principales, Nord, Orléans, Paris à Lyon, la recette afférente à la gare de Paris représentait à elle seule plus de 34 pour 100 de la recette totale, et plus de 68 pour 100 si l'on tient compte du produit des voyageurs à destination de Paris.

Le parcours moyen des voyageurs a été plus considérable pour la première classe que pour la deuxième et pour la deuxième que pour la troisième.

En 1854, les 28 070 458 voyageurs transportés avaient produit 83 707 721 fr.., soit 41 pour 100 sur la recette totale, soit encore 19 252 fr. par kilomètre ; soit enfin, les voyageurs de première

9. Nous analysons brièvement cette section des *Documents statistiques*, parce que nous donnons ci-dessous des renseignements plus nouveaux et plus détaillés sur l'exploitation de chaque compagnie.

classe, 29 pour 100, les voyageurs de deuxième classe, 28 pour 100, et les voyageurs de troisième classe, 43 pour 100.

La circulation est en général moins active les vendredis; pour les grands parcours. Elle diminue les dimanches et jours de fêtes, tandis que le contraire a lieu pour les petits parcours; enfin sur les lignes de banlieue, elle se trouve accrue ou diminuée suivant le temps.

Pour les trois classes le produit moyen a beaucoup varié. Il était en effet :

De 8 fr. 45 c., et par kilom. de 9 fr. 67 c. pour la 1re classe;
De 2 fr. 18 c., et par kilpm. de 7 fr. 10 c. pour la 2e classe;
De 2 fr. 56 c., et par kilom. de 4 fr. 47 c. pour la 3e classe.

Accessoires de la grande vitesse. — Le produit des bagages a dépassé en 1854 2 700 000 fr. pour un tonnage d'environ 100 000 tonnes. Comparé au nombre total des voyageurs, ce dernier chiffre ferait ressortir le poids moyen du bagage d'un voyageur à moins de 4 kilog. Son peu d'importance doit être attribuée à l'énorme proportion des voyageurs qui ne font pas enregistrer leurs bagages, proportion qu'on ne saurait évaluer à moins de 80 pour 100.

Le nombre des chiens transportés s'est élevé à 122 000 (1 fr. 45 cent. par chien); celui des voitures à 4852 (107 à 106 fr. par voiture); celui des chevaux à 14 330 (33 à 38 fr. par cheval).

Sur les trois lignes d'Orléans, de Paris à Lyon et de Lyon à la Méditerranée, le mouvement des finances a produit plus de 600 000 fr., s'appliquant à un transport de plus de 700 000 000 fr.

Sur les mêmes lignes, le transport des messageries a donné lieu à une recette de plus de 4 000 000 de fr., s'appliquant à un tonnage de plus de 45 000 tonnes.

On ne saurait évaluer à moins de 60 000 tonnes la quantité de lait transportée sur les chemins de fer, et à moins de 60 kilom. le parcours moyen. Le produit dépasse 1 000 000, et le bénéfice réalisé par l'agriculture ne saurait être estimé à moins de 1 800 000 fr.

Les recettes dues au transport des dépêches s'étaient élevées en 1854 à 1 872 117 fr., soit 475 fr. par kilomètre.

Marchandises. — En 1854, le nombre total des tonnes de marchandises transportées sur les chemins de fer, qui avait été en 1853 de 7 173 652 tonnes, s'est élevé à 8 864 501 tonnes; l'augmentation avait donc été de 1 700 000 tonnes, soit de 24 pour 100. Parmi les marchandises transportées, la houille et le coke figurent pour 33 pour 100; les céréales, grains, farines, pour 11 pour 100; les matériaux de construction en grès et amendements, pour 9 pour 100; les vins et esprits, pour 5 pour 100; les fontes, fers et métaux, pour 7 pour 100; les laines et tissus, pour 4 pour 100. L'accroissement moyen de la circulation des marchandises est de 28 pour 100 sur le réseau entier, de 30 pour 100 sur les lignes de Lyon et de l'Ouest, et il dépasse 40 pour 100 sur les lignes du Nord, de l'Est, et sur le chemin de Ceinture.

Quant à l'accroissement moyen de la recette, il n'est que de 20 pour 100, parce que le tarif moyen perçu, qui était de 8 cent. 2 en 1853, s'est abaissé à 7 cent. 6 en 1854.

En 1853, les recettes des marchandises transportées à petite vitesse avaient produit 66 502 097 fr., soit 16 777 fr. par kilomètre, soit encore 9 fr. 27 cent par tonne. En 1854, elles se sont élevées à 86 753 123 fr., soit 19 952 fr. par kilomètre, soit 9 fr. 79 cent. par tonne. La proportion pour 100 sur la recette totale, qui avait été de 39 en 1853, a été de 43 en 1854.

Accessoires de la petite vitesse. — Les accessoires de la petite vitesse ont produit 4 019 192 fr., soit 3 pour 100 de la recette totale, ainsi subdivisés : 2518 voitures, 124 321 fr.; — 15 842 chevaux et mulets, 254 231 fr.; — 165 716 bœufs et vaches, 1 970 841 fr.; — 381 182 veaux et porcs, 972 098 fr.; — 540 418 moutons, 547 835 fr.; — autres produits, 149 866 fr. [1].

Mouvement du matériel et dépenses d'exploitation. — En 1854, la longueur moyenne du réseau étant de 4448 kilom., les trains ont parcouru 31 298 597 kilom. (les trains de voyageur 18 491 765 kilom., les trains de marchandises 12 806 832 kilom.)

Les dépenses se sont élevées à 87 091 053 fr., soit à 20 030 fr. par kilom.; la vitesse moyenne des diverses classes de trains a varié :

1. Ces chiffres ne s'appliquent qu'aux chemins de fer de Paris à Strasbourg, de Paris au Havre et à Dieppe, de l'Ouest, d'Orléans et de Paris à Lyon.

Pour les trains express, de 50 kilom. à l'heure (ligne de Lyon) à 72 kilom. (ligne du Nord) ;

Directs, de 41 kilom. à l'heure (ligne de l'Ouest) à 60 kilom. (ligne du Nord);

Omnibus, de 36 kilom. à l'heure (ligne de l'Ouest) à 45 kilom. (ligne de l'Est);

Mixtes, de 12 kilom. à l'heure (ligne de Rhône et Loire) à 35 kilom. (ligne de l'Est);

Marchandises, de 12 kilom. à l'heure (ligne de Rhône et Loire) à 35 kilom. (ligne de l'Est).

Ces données ont changé depuis sur quelques lignes, et notamment sur la ligne de Lyon, dont les trains express ont aujourd'hui une vitesse de 70 kilom. à l'heure.

Si le parcours d'un train dépasse 200 kil., la locomotive qui le conduit ne l'accompagne pas généralement sur la totalité de son parcours; elle fait l'office de relayeur sur une distance qui peut varier de 80 à 200 kilom. au plus, allant ainsi d'un dépôt de machines à un autre dépôt, d'où elle repart, en général, après un temps d'arrêt de quelques heures, en remorquant un train de sens contraire, pour revenir au dépôt auquel elle est attachée. Le lendemain elle reprend son service, et continue ainsi pendant un nombre de jours variant de 3 à 8, après quoi elle est soumise à une révision qui peut entraîner soit un simple nettoyage, soit des réparations de petit ou de gros entretien.

Lorsqu'une machine n'est pas arrêtée par de grosses réparations, elle peut, dans une année, parcourir de 40 000 à 70 000 kilom., et servir 200 à 250 jours.

Le parcours moyen des locomotives a été : en 1854, de 22 208 kilom., pour les machines à voyageurs; de 26 285 kilom., pour les machines à marchandises; enfin de 23 567 kilom., pour la moyenne générale.

La consommation en coke a été, par kilomètre parcouru, de 7 kilogr. pour les machines à voyageurs, de 10 kilogr. pour les machines à marchandises, et en moyenne générale de 8 kilogr.; quant à la consommation d'eau, elle peut être évaluée en moyenne à 50 kilogr. par kilomètre parcouru.

Dépenses d'exploitation. — En 1853, sur 3978 kil. exploités, les dépenses d'exploitation se sont élevées à 73 954 696 fr. ainsi divisés :

	Dépenses.	Par kilomètre.	Par kilom. parcouru par 1 train.	Proportion p. 100 dans la dépense totale.
1° Administration......	3 986 501	997	0,15	5,36
2° Exploitation, mouvement et trafic.......	16 045 240	4033	0,61	21,70
3° Traction et entretien du matériel.........	28 981 939	7286	1,11	39,19
4° Surveillance et entretien de la voie......	11 007 439	2767	0,42	14,88
5° Dépenses diverses et d'ordre.............	13 953 577	3508	0,53	18,87
Totaux.........	73 954 696	18591	2,82	100

Le rapport présenté au ministre de l'Agriculture, du Commerce et des Travaux publics résumait ainsi qu'il suit les conditions moyennes dans lesquelles s'était accompli l'exploitation des chemins de fer en 1853.

Les divers trains de voyageurs s'effectuent dans les conditions moyennes suivantes :

1° Ils contiennent un nombre de voitures à voyageurs de.................................... 6,8

2° Ils contiennent un nombre de wagons de service de............................ 2,2

3° Ils contiennent un nombre de wagons de marchandises .... Mémoire.

4° Le nombre des voyageurs qui y ont pris place est par train de..................... 128

5° Le nombre moyen des voyageurs contenus dans le train est de 72

6° La recette due aux transports de la grande vitesse est par kilomètre de............. 5 fr. 88

7° La recette due aux transports des voyageurs est par kilomètre de.................... 4 fr. 84

8° La recette due aux transports des accessoires de la grande vitesse est par kilomètre de.. 1 fr. 04

9° Le tarif moyen du transport d'un voyageur à un kilomètre est de................... 6 c. 6

Les divers trains de marchandises s'effectuent dans les conditions moyennes suivantes :

10° Ils contiennent un nombre de wagons de marchandises de............................. 28

11° Le nombre moyen de tonnes contenues dans le train est de..................... 78

12° Le nombre moyen de tonnes de bétail transportées par le train est approximativement de......... 1

3

13° La recette due aux transports de la petite vitesse est par kilomètre de.............. 6 fr. 83

14° La recette due aux transports des marchandises est par kilomètre de.......... 6 fr. 39

15° La recette due aux transports des accessoires de la petite vitesse est par kilomètre de... 0 fr. 44

16° Le tarif moyen du transport d'une tonne à un kilomètre est de..................... 8 c. 2

Chaque kilomètre est parcouru en moyenne chaque jour :

17° Par un nombre de trains de voyageurs de. 10,7

18° Par un nombre de trains de marchandises ou de service de........................ 7,4

19° Par un nombre de trains de toute nature de. 18,1

20° La recette moyenne d'un train quelconque est par kilomètre de.................... 6 fr. 46

21° La dépense moyenne d'un train quelconque est par kilomètre de......... .... 2 fr. 82

22° Le rapport moyen de la dépense à la recette est de............................... 43 p. 100.

A ces renseignements généraux sur l'histoire et les principaux résultats de l'exploitation des chemins de fer français, nous n'ajouterons plus que le tableau ci-joint.

TABLEAU CHRONOLOGIQUE DES OUVERTURES DE LIGNES ET SECTIONS.

1828 (18 kil. ouverts dans l'année.)

Sections.	Date de l'ouverture.	kil.
Saint-Étienne à Andrezieux........	1er octobre...	18

1830 (15 kil. ouverts.)

Rive-de-Gier à Givors..............	1er octobre...	15

1832 (21 kil. ouverts.)

Givors à Lyon....................	avril......	21

1833 (21 kil. ouverts.)

Rive-de-Giers à Saint-Étienne......	4 avril......	21

1834 (67 kil. ouverts.)

Andrezieux à Roanne............	février....	67

1837 (19 kil. ouverts.)

Paris au Pecq.....................	26 août......	19

1838 (15 kil. ouverts.)

Abscon à Saint-Waast..............	21 octobre....	15

1839 (67 kil. ouverts.)

Montpellier à Cette...............	mars... .	27
Asnières à Versailles (rive droite)...	2 août......	19
Mulhouse à Thann................	12 septembre.	21

1840 (187 kil. ouverts.)

Sections.	Date de l'ouverture.	kil.
Alais à Beaucaire..................	19 août......	72
Paris à Versailles (rive gauche).....	10 septembre.	17
Paris à Corbeil....................	20 septembre.	31
Benfeld à Colmar..................	18 octobre. ..	39
Mulhouse à Saint-Louis............	25 octobre. ..	28

1841 (139 kil. ouverts.)

Alais à la Grand'Combe, etc........	» »	17
Kœnigshoffen à Benfeld............	1er. mai......	27
Bordeaux à la Teste...............	7 juillet....	53
Colmar à Mulhouse................	5 août......	42

1842 (28 kil. ouverts.)

Saint-Waast à Anzin...............	» »	1
Lille et Valenciennes à la frontière[1].	novembre.	27

1843 (230 kil. ouverts.)

Juvisy à Orléans..................	5 mai.......	102
Colombes à Saint-Sever............	9 mai......	128

1844 (2 kil. ouverts.)

Kœnigshoffen à Strasbourg (extra muros).........................	26 mars.....	1
Saint-Louis à la frontière...........	13 juin	1

1845 (52 kil. ouverts.)

Montpellier à Nîmes................	9 janvier...	52

1846 (439 kil. ouverts.)

Montaud à Saint-Étienne...........	janvier....	3
Orléans à Tours...................	2 avril......	115
Paris à Lille et Valenciennes.......	20 juin......	310
Paris à Sceaux....................	23 juin......	11

1847 (510 kil. ouverts.)

(Intra muros) Strasbourg...........	» »	1
Amiens à Abbeville................	15 mars.....	44
Rouen (demi-traversée) au Havre...	22 mars.....	92
Demi-traversée de Rouen depuis Sotteville...........................	22 mars.....	3
Vésinet à Saint-Germain (atmosph.[2]).	14 avril......	2
Orléans à Vierzon et Bourges.......	20 juillet.....	113
Saint-Chamas à Rognonas..........	18 octobre...	67
Creil à Compiègne................	21 octobre. ..	33
Saint-Chamas au Pas-des-Lanciers...	1er novembre.	30
Vierzon à Châteauroux.............	15 novembre.	60
Abbeville à Neuchâtel..............	21 septembre.	65

1848 (392 kil. ouverts.)

Marseille au Pas-des-Lanciers.......	15 janvier...	18
Montereau à Troyes...............	10 avril......	100

1. L'exploitation des chemins de fer de Lille et Valenciennes à la frontière a été faite par l'État depuis l'ouverture jusqu'en 1845.
2. L'embranchement du Vésinet à Saint-Germain. 3,5 kil.
Vésinet au Pecq (abandonné)............... 1,5
‾‾‾‾‾‾
2,0 kil.

Sections.	Date de l'ouverture.	kil.
Neuchâtel à Boulogne	17 avril	14
Abscon à Somain	20 juin	3
Malaunay à Dieppe	1er août	51
Lille à Saint-Pierre-lez-Calais et Dunkerque	1er septembre	142
Tours à Saumur	20 décembre	64
1849 (639 _kil. ouverts._)		
Melun à Montereau[1]	3 janvier	35
Compiègne à Noyon	26 février	23
Rognonas à Avignon	5 mars	5
Bourges à Nérondes	20 mai	36
Paris à Meaux	5 juillet	45
Versailles à Chartres[2]	12 juillet	73
Saumur à Angers	1er août	44
Montereau à, Tonnerre[3]	12 août	162
Saint-Pierre-lez-Calais à Calais	20 août	3
Meaux à Épernay	26 août	97
Dijon à Châlons[4]	2 septembre	68
Noyon à Chauny	21 octobre	17
Épernay à Châlons	10 novembre	31
1850 (152 _kil. ouverts._)		
Chauny à Tergnier-la-Fère	1er janvier	7
Tergnier à Saint-Quentin	23 mai	22
Metz à Nancy[5]	10 juillet	57
Châlons à Vitry	5 septembre	33
Nérondes à Nevers	5 octobre	33
1851 (545 _kil. ouverts._)		
Montaud à Montrambert	1er janvier	5
Asnières à Argenteuil	28 avril	4
Vitry à Bar-le-Duc	27 mai	49
Sarrebourg à S'rasbourg	29 mai	71
Tonnerre à Dijon	22 juin	118
Tours à Poitiers	15 juillet	101
Metz à Saint-Avold	24 juillet	50
Angers à Nantes	21 août	87
Bar-le-Duc à Commercy	15 novembre	40
Saint-Avold à Forbach	16 novembre	20
1852 (314 _kil. ouverts._)		
Commercy à Frouard	19 juin	50
Traversée du Rhône et raccordements.	17 juillet	6
Raccordement de Viroflay	20 juillet	2
Nancy à Sarrebourg	12 août	77
Chartres à la Loupe	7 septembre	36
Bordeaux à Angoulême	20 septembre	132
Forbach à la frontière prussienne	16 novembre	4
Ceinture (1re section)	12 décembre	7

1. La ligne de Melun à Montereau a été exploitée par la compagnie de Montereau jusqu'au 12 août 1850.

2. Exploité par l'État jusqu'en 1851.

3. Exploité par l'État (y compris Melun à Montereau) jusqu'en 1852.

4. Exploité par l'État jusqu'en 1852.

5. Frouard à Nancy............ 9 kil.
   Frouard à Metz 48

   Total..... 57 kil.

1853 (191 _kil. ouverts._)

Sections.	Date de l'ouverture.	kil.
Le Guétin à Moulins	15 mai	51
Poitiers à Angoulême	18 juillet	113
Moulins à Varennes	22 août	27
1854 (599 _kil. ouverts._)		
Prolongement, quais de Nantes	1er janvier	2
Blesmes à Saint-Dizier	15 février	17
La Loupe à Nogent-le-Rotrou	16 février	24
Ceinture (2e section)	25 mars	10
Batignolles à Auteuil	2 mai	7
Châteauroux à Argenton	2 mai	31
Nogent-le-Rotrou au Mans	1er juin	63
Épernay à Reims	5 juin	30
Varennes à Saint-Germain des Fossés.	19 juin	13
Avignon à Valence	29 juin	126
Châlons à Vaise	10 juillet	125
Vireux à la frontière belge	24 juillet	2
Bourg-la-Reine à Orsay	29 juillet	14
Metz à Thionville	16 septembre	30
Lamothe à Dax	12 novembre	105
1855 (894 _kil. ouverts._)		
Dax à Bayonne	26 mars	50
Lyon à Valence	16 avril	108
Saint-Germain des Fossés à Clermont.	7 mai	65
Bordeaux à Langon	31 mai	43
Dijon à Dole	25 juin	47
Mantes à Lisieux	1er juillet	133
Clermont à Issoire	2 juillet	35
Saint-Dizier à Donjeux	17 juillet	38
Vandenheim à Haguenau	18 juillet	23
Hautmont à Erquelines	11 août	16
La Roche à Auxerre	11 août	20
Le Mans à Laval	14 août	89
Issoire à Brassac	3 septembre	19
Saint-Quentin à Hautmont	21 octobre	70
Haguenau à Wissembourg	23 octobre	35
Langon à Tonneins	4 décembre	54
Lisieux à Caen	29 décembre	49
1856 (676 _kil. ouverts._)		
Beuzeville à Fécamp	25 février	18
Mans à Alençon	15 mars	52
Dole à Besançon	7 avril	45
Brassac à Lempdes	8 mai	6
Tonneins à Valence-d'Agen	29 mai	65
Argenton à Limoges	2 juin	106
Lyon à Bourg	23 juin	74
Noisy à Nogent	7 juillet	7
Poitiers à Niort	7 juillet	74
Valence-d'Agen à Toulouse	30 août	95
Rognac à Aix	11 octobre	25
Perrache-Guillotière (gares)	» »	1
Raccordement de Tours	» »	2
Saint-Rambert à Rives	5 novembre	56
Vaise à Perrache (gares)	10 novembre	5

Sections.	Date de l'ouverture.	kil.
Gray à Auxonne	10 novembre.	34
Du Lot à Cransac	20 décembre.	11

1857 (1253 *kil. ouverts.*)

Sections.	Date de l'ouverture.	kil.
Morcens à Saint-Martin d'Oney	12 janvier	25
Nogent-sur-Marne à Nangis	9 février	53
Toulouse à Cette	22 avril	219
Nangis à Flamboin	25 avril	25
Troyes à Chaumont	25 avril	96
Donjeux à Chaumont	25 avril	31
Laval à Rennes	1er mai	73
Arvant à Brioude	1er mai	10
Ambérieux à Seyssel	7 mai	65
Dole à Salins	16 mai	38
Raccordement de Givors	6 juin	3
Bourg à la Saône	6 juin	34
Saint-Germain à la Palisse	13 juin	17

Sections.	Date de l'ouverture.	kil.
Blainville à Épinal	24 juin	51
Raccordement de Tours	1er juillet	3
Rives à Pique-Pierre	10 juillet	33
La Saône à Mâcon	20 juillet	2
Coutras à Périgueux	20 juillet	75
La Teste à Arcachon	26 juillet	3
Nantes à Saint-Nazaire	10 août	62
La Fère à Laon	1er septembre	29
Creil à Beauvais	1er septembre	37
Laon à Reims	1er septembre	52
St.-Martin d'Oney à Mont-de-Marsan	6 septembre	13
Niort à la Rochelle et Rochefort	7 septembre	84
Châlons à Maumelon	16 septembre	25
Dannemarie à Mulhouse	12 octobre	25
Chaumont à Langres	15 octobre	35
Bességes à Alais	1er décembre	20
Cramaux à Albi	8 décembre	15

Itinéraire de la France par A. JOANNE.
CHEMINS DE FER DU NORD.
L. HACHETTE et Cie — Paris. 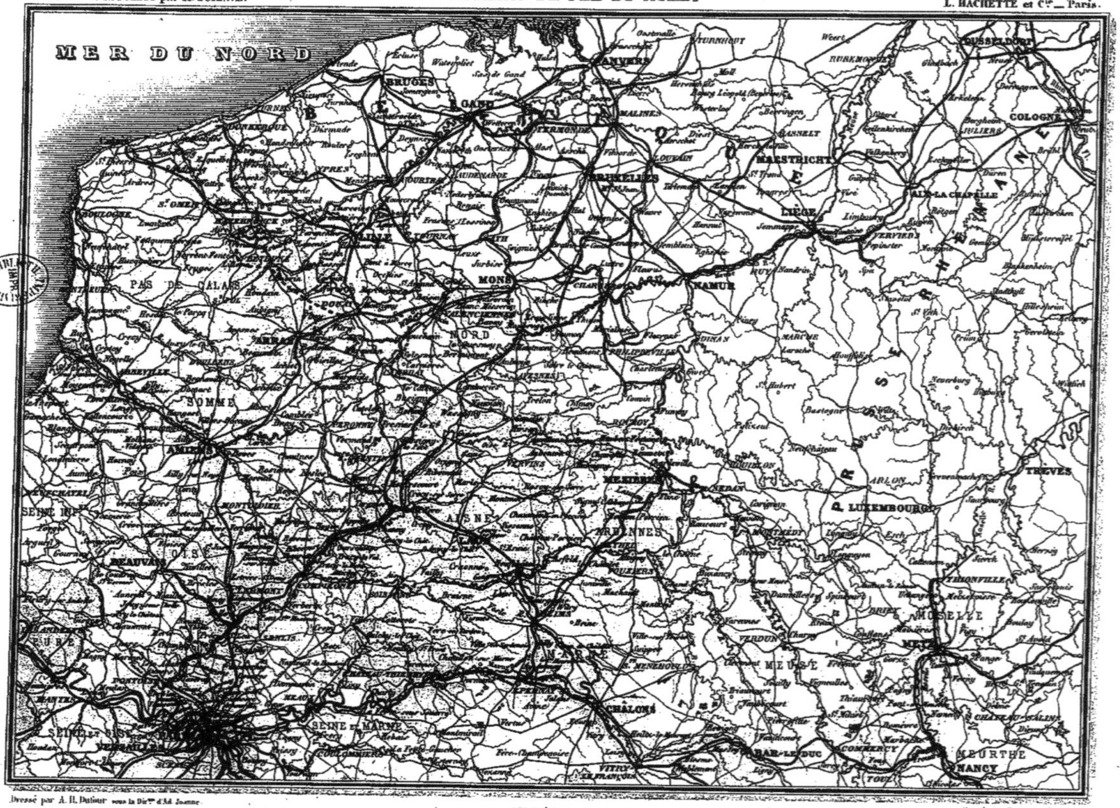
MER DU NORD
Dressé par A. H. Dufour sous la Direction d'Ad. Joanne.
Kilomètres.
Gravé par Primaut-Rousset.

LES CHEMINS DE FER DU NORD.

LE RÉSEAU.

Dès 1833, le gouvernement avait fait commencer les études d'un chemin de fer se dirigeant de Paris sur la frontière de Belgique par Lille et Valenciennes, avec embranchement sur le littoral de la Manche. En 1837, il soumit au pouvoir législatif un projet de loi ayant pour objet l'exécution par l'industrie privée du chemin de fer de Paris en Belgique. Les divergences d'opinion qui se manifestèrent sur le système général de l'exécution des chemins de fer firent abandonner ce projet, et, l'année suivante, les Chambres furent saisies d'un projet nouveau. Cette fois, c'était l'État qui devait construire les chemins de fer. Sur les conclusions du rapporteur de la commission, Fr. Arago, la chambre des Députés rejeta ce second projet : toutefois la ligne de Lille à Dunkerque fut concédée à une compagnie, qui crut devoir, l'année suivante, renoncer à sa concession. Enfin le chemin de Lille et de Valenciennes à la frontière de Belgique se trouva compris parmi les chemins pour l'exécution desquels la loi du 15 juillet 1840 avait affecté une somme de 24 millions.

La loi de 1842 classa au premier rang la ligne de Paris à la frontière belge par Lille et Valenciennes, et au second les lignes aboutissant aux ports français de la Manche pour communiquer avec l'Angleterre.

La loi du 26 juillet 1844 détermina le tracé de la ligne du Nord, en y réunissant trois lignes secondaires dont deux, annexes et dépendances de la ligne principale, s'en détachaient à Lille pour se diriger sur Calais et Dunkerque, tandis que la troisième, concédée à une compagnie indépendante, devait partir d'Amiens pour aboutir à Boulogne. Cette troisième section fut adjugée, le 9 octobre 1844, pour 99 ans.

« Cette dernière combinaison devait entraîner des inconvénients sérieux. En constituant, en effet, le chemin de fer d'Amiens à Boulogne comme chemin indépendant, on lui avait donné pour tête de ligne un chemin qui, par deux embranchements, devait lui faire une concurrence redoutable, et profiter, pour servir cette concurrence, de la possession du tronc commun. Les embarras qui résultèrent de cette situation ont amené depuis la fusion de ces diverses lignes en un même réseau. » (*Documents statistiques.*)

En vertu d'une loi rendue le 15 juillet 1845, le chemin de fer du Nord, avec les embranchements sur Calais et Dunkerque, et deux nouvelles lignes accessoires, de Creil à Saint-Quentin et de Fampoux à Hazebrouck, fut concédé à une compagnie composée de MM. Rothschild frères, Hottinger et comp., Laffitte, Blount et comp. (9 septembre 1845). La compagnie était tenue de rembourser les dépenses faites par l'État, qui déjà exploitait la section de Valenciennes à Lille, de poser la voie sur les parties exécutées par l'État, d'entreprendre et d'exécuter les travaux sur tout le reste du parcours. La concession était de 38 ans pour toute la ligne, sauf la section de Creil à Saint-Quentin, concédée pour 25 ans et 335 jours.

Le 20 juin 1846 eut lieu l'inauguration de la ligne du Nord, qui mettait en communication Paris avec Bruxelles, et qui ouvrait de nombreux débouchés à des gîtes houillers et à des centres d'industrie métallurgiques dont la prospérité n'était pas sans importance pour l'exécution des autres lignes de fer. Les embranchements sur Calais, Boulogne et Saint-Quentin, ne furent livrés à la circulation, dans la totalité du parcours, qu'en 1850. La ligne d'Amiens à Boulogne avait été ouverte jusqu'à Abbeville, puis jusqu'à Neufchâtel, en 1847, et jusqu'à Boulogne en 1848.

Enfin, un décret du 19 février 1852 constitua le groupe du Nord, qui, outre les lignes ci-dessus indiquées, devint encore propriétaire de la ligne d'Amiens à Boulogne,et obtint les lignes nouvelles de Saint-Quentin à la frontière belge, par Maubeuge; du Cateau à Somain; de la Fère à Reims par Laon; de Noyelles à Saint-Valery-sur-Somme. En 1853, ce groupe s'augmenta encore d'une ligne directe entre Saint-Denis et Creil, et en 1855 de là ligne de Creil à Beauvais, échangée avec la compagnie des Ardennes contre celle de Reims à Laon.

Le réseau du groupe du Nord est actuellement (juin 1858), composé comme il suit :

De Paris à la frontière belge, avec embranchement sur Calais et Dunkerque..........	482 kilom.
De Creil à Saint-Quentin et Erquelines, avec embranchement de Tergnier à Laon........	217
D'Amiens à Boulogne......................	124
De Creil à Beauvais........................	37
De Paris à Creil...........................	51
De Noyelles à Saint-Valery..................	6
De Busigny à Somain.......................	49
De Villers-Cotterets au Port-aux-Perches......	5
De Paris à Soissons.....	102
De Boulogne à Calais, avec embranchement sur Marquise............................	43
De Rouen à Amiens et d'Amiens à la ligne de Creil à Saint-Quentin.....................	191
Des Houillères du Pas-de-Calais...	84
De Chantilly à Senlis................,......	9
De Pontoise vers la ligne de Belgique........	3
D'Ermont à Argenteuil.....................	5
Total......	1408 kilom.

A ces concessions définitives, il faut ajouter les concessions éventuelles

De Soissons à la frontière belge, par Laon, Vervins, Hirson;

De la ligne de Saint-Quentin à Erquelines, en un point à déterminer entre Busigny et Landrecies, pour aboutir à un point à déterminer de la ligne précédente;

De Senlis vers un point à déterminer sur la ligne de Paris à Soissons;

Prolongement du chemin de Creil à Beauvais vers un point à déterminer sur la ligne de Paris à Dieppe, par Pontoise.

Ces concessions éventuelles ont 200 kilom.

La Compagnie des chemins de fer du Nord exploite actuellement. . .	865 kilom.
Elle achève de construire	106
Les études se poursuivent sur	437
Total.	1408 kilom.

La durée de la concession est fixée à 99 ans, qui ont commencé au 1er janvier 1852 pour finir au 31 décembre 1951. L'État s'est réservé la faculté de rachat; mais cette faculté ne peut être exercée qu'à partir du 1er janvier 1867.

La compagnie ne reçoit de l'État aucune subvention, aucune garantie d'intérêt, mais elle ne doit à aucune époque entrer en partage de ses bénéfices avec l'État. La ville de Cambrai et le département du Nord lui allouent une subvention de 2 000 000 fr. pour la construction du chemin de Busigny à Somain. D'un autre côté, l'administration des postes lui paye une indemnité annuelle de 200 000 fr. jusqu'au 27 juin 1867.

Les sections suivantes ont été successivement livrées à l'exploitation :

De Lille et Valenciennes à la frontière............	27 kil.		novembre 1842;
De Paris à Lille et Valenciennes................	310	—	20 juin 1846;
D'Amiens à Abbeville.....	44	—	15 mars 1847 ;
De Creil à Compiègne....	33	—	21 octobre 1847;
D'Abbeville à Neufchâtel..	65	—	21 décembre 1847;
De Neufchâtel à Boulogne.	14	—	17 avril 1848;
De Lille à Saint-Pierre et Dunkerque............	142	—	1er septembre 1848;
De Compiègne à Noyon...	23	—	26 février 1849;
De Saint-Pierre à Calais...	3	—	20 août 1849;
De Noyon à Chauny......	17	—	21 octobre 1849;
De Chauny à Tergnier....	7	—	1er janvier 1850;
De Tergnier à St.-Quentin.	22	—	23 mai 1850;
De St.-Quentin à Hautmont	70	—	21 octobre 1855;
De la Fère à Laon.	29	—	1er septembre 1857;
De Creil à Beauvais.......	37	—	*Idem.*
De Laon à Reims.........	52	—	*Idem.*
De Busigny à Somain.....	49	—	15 juillet 1858.
Total......	914 kilom.		

D'après le rapport lu à l'Assemblée générale des actionnaires du 28 avril 1858, la situation financière de la compagnie au 31 décembre 1857, se définit dans les termes suivants :

Fonds versés par les actionnaires sur les actions anciennes.............	160 000 000 fr.	» c.
Fonds versés par les actionnaires sur les actions nouvelles.............	25 000 000	»
Emprunt de 1852....................	24 750 000	»
1er emprunt de 1854.................	22 989 846	90
2e — de 1854.................	22 429 151	43
A *Reporter*......	255 168 998 fr. 33 c.	

Report...... 255 168 998 fr. 33 c.

Emprunt de 1855....................	21 556 957	27
— de 1856...................	21 850 877	15
— de 1857...................	20 817 362	99
75 000 obligations (Nord-Boulogne)..	37 500 000	»
2363 obligations de Boulogne (1848)..	1 181 558	09
Dû à l'État......................	16 035 024	38
Dû à divers entrepreneurs, fournisseurs et autres créanciers.........	5 585 951	56
Dû pour intérêts et dividendes.......	28 639 187	50
Voies et moyens pour la réfection de la voie......................	6 432 788	60
Dû aux comptes de réserve et d'amortissement......................	18 587 923	38
	433 356 629 fr. 25 c.	
Fonds restant à verser par les actionnaires sur les actions nouvelles...	46 875 000	»
Total......	480 231 629 fr. 25 c.	

Ces diverses sommes ont été employées de la manière suivante :

Dépenses faites par l'État en constructions de la ligne principale............ 80 785 286 fr. 07
Dépenses faites par l'État en matériel.. 3 073 463 93

	83 858 750 fr. » c.	
Restant à payer....................	5 230 448	48
Règlement des intérêts dus à l'État...	10 804 575	90
Construction de la ligne principale..	44 985 506	41
Construction de Lille à Dunkerque..	20 616 742	48
Construction d'Hazebrouck à Calais.	14 229 450	20
Construction de Creil à St.-Quentin..	24 254 148	48
Construction d'Amiens à Boulogne..	36 153 336	98
Construction de St.-Quentin à Erquelines.....	25 961 724	35
Nouveaux embranchements (concessions de 1852, 1853, 1854).......	35 918 394	92
Nouveaux embranchements (concessions de 1857)..................	425 222	94
Réfection de la voie.....	12 479 988	58
Chemin de Ceinture................	1 320 000	»
Chemin de Charleroy, dépenses de construction.........., ...	3 623 506	15
Chemin de Charleroy, dépenses de matériel......................	4 441 163	34
Chemin de Namur à Liége, construction.....................	1 432 112	10
Chemin de Namur à Liége, dépenses de matériel......................	5 327 754	20
Construction du matériel d'exploitation, outillage des ateliers, approvisionnements et mobiliers, y compris le matériel d'Amiens à Boulogne	70 946 695	78
A Reporter......	402 008 523 fr. 29 c.	

Report...... 402 008 523 fr. 29 c.

Espèces en caisse à la Banque........	6 424 239 fr. 15	
Valeurs en portefeuille..........	33 707	85
Fonds entre les mains d'agents comptables ou receveurs, comptes courants, factures à recouvrer.......	24 890 158	96
	433 356 629 fr. 25 c	
Versements restant à effectuer sur les actions nouvelles.................	46 875 000	»
Somme égale......	480 231 629 fr. 25 c.	

Les ressources dont la compagnie a disposé pendant l'exercice 1857 s'élèvent à la somme totale de 39 129 264 fr. 68 c., ainsi qu'il résulte des chiffres ci-après :

Valeurs disponibles au 31 déc. 1857.	19 165 676 fr. 29 c.	
Versements effectués sur les actions nouvelles......................	25 000 000	»
Versements sur l'emprunt de 1857...	20 817 362	99
Voies et moyens pour la réfection de la voie......................	360 000	»
Pour excédant, en 1857, des sommes qui représentent les produits nets de l'exploitation et des soldes qui restent dus sur les mêmes comptes en 1856......................	5 134 333	36
Total......	70 477 372 fr. 64 c.	
A déduire, valeurs au 31 décembre 1857......................	31 348 107	96
Somme employée en 1857...	39 129 264 fr. 68 c.	

Ces ressources ont été employées de la manière suivante :

Construction de la ligne principale...	5 619 275 fr. 90 c.	
Construction des anciens embranchements........................	982 747	71
Construction de la ligne d'Amiens à Boulogne......................	487 698	53
Construction des nouveaux embranchements (concessions de 1852, 1853, 1854)....................	23 273 944	46
Construction des nouveaux embranchements (concessions de 1857)....	425 222	94
Construction du chemin de Ceinture.	40 000	»
Chemin de Charleroy..............	1 237 241	77
Chemin de Namur à Liége...	1 067 315	04
Construction du matériel d'exploitation......................	3 995 818	33
Payements faits à l'État en 1857.....	2 000 000	»
Somme égale......	39 129 264 fr. 68 c.	

RECETTES ET DÉPENSES. — EXPLOITATION.

Pendant l'exercice 1857 les *recettes*, déduction faite de l'impôt, des surtaxes, etc., se sont élevées à...................... 50 291 167 fr. 06 c.

Les *dépenses* ont été de... 18 982 629 fr. 11 c.

Restait donc un excédant de la recette sur la dépense de. 31 308 537 fr. 95 c.

Cet excédant a reçu les affectations suivantes :

	fr.	c.
Intérêts des actions pour l'exercice 1857...	6 400 000	»
A déduire : les intérêts des placements de fonds.................................	375 242	83
Il reste......	6 024 757	17
Amortissement du capital pour l'exercice 1857	233 262	56
Intérêts et amortissement des emprunts....	6 547 690	82
Intérêts pendant l'année 1857 des fonds dus à l'État.................................	186 913	45
Réfection de la voie.......................	360 000	»
Fonds de dotation (caisse de retraites)......	165 309	79
Fonds de réserve......................... .	177 906	35
Dividende de 1857, à raison de 44 fr. par action.....................................	17 600 000	»
Solde de l'exercice 1857....................	12 697	81
Total......	31 308 537	95

Ainsi chaque action a reçu, pour l'exercice 1857, 16 fr. d'intérêt et 44 fr. de dividende, total 60 fr.

Les 50 291 167 fr. 06 c. de recettes se subdivisent ainsi :

PRODUITS DE L'EXPLOITATION.

Voyageurs...............................	20 623 799	77
Bagages..................................	548 563	96
Transport de chiens..................	37 971	85
Articles de messagerie.................. . ..	4 399 513	63
Transport de voitures.....................	564 539	86
— des malles-poste.............. ..	73 162	77
— de chevaux..	172 416	99
— de marchandises................•	27 134 570	14
— de bestiaux.....................	653 569	12
Magasinage..............................	70 697	14
Produits divers...........................	259 470	12
Produits du chemin de Ceinture...........	127 105	18
Solde de l'exploitation de 1856....	5 172	12
Ensemble......	54 670 552	65

A déduire :

Impôt du 10ᵉ sur le prix des places.........	2 773 969	34
Indemnités pour pertes d'effets et avaries...	185 946	35
Solde des détaxes et réductions........... ...	515 038	71
A Reporter......	3 474 954	40

	fr.	c.
Report......	3 474 954	40
Subventions aux messageries, correspondances, omnibus, etc....................	604 541	19
Usage des stations belges..................	26 155	»
Timbres pour lettres de voiture............	273 735	»
	4 379 385	59
Il reste donc......	50 291 167	06

Quant aux 18 982 629 fr. 11 c. de dépenses, ils ont eu les emplois indiqués ci-dessous :

ADMINISTRATION CENTRALE.

Jetons de présence........................	110 186	70
Traitement du personnel..................	145 219	21
Assurances, loyers et contributions........	195 710	93
Frais de bureaux, impressions, affiches et annonces...............................	194 383	18
Indemnités, pensions et dépenses diverses..	136 424	23
Abonnement au timbre.....	151 435	24
Frais de police et de surveillance.....	134 121	90

PREMIÈRE DIVISION. — EXPLOITATION.

Traitement du personnel du service central, du contrôle, etc........................	510 933	57
Personnel des gares et stations...........	3 529 933	99
Billets : impressions, frais de bureau, etc..	579 700	36
Éclairage et chauffage des gares et stations.	424 013	91
Personnel des inspecteurs, conducteurs et facteurs de trains.......................	647 399	68
Indemnités de déplacement du personnel des trains.................................	129 526	45
Éclairage et menues dépenses des trains...	110 988	77
Service du factage et du camionnage......	138 260	15

DEUXIÈME DIVISION. — MATÉRIEL ET ATELIERS.

Traitement du personnel du service central, etc....	112 584	23
Entretien et grosses réparations des machines, des voitures et wagons à marchandises	3 661 534	03
Traitement des mécaniciens, chauffeurs, etc	1 354 241	58
Combustible des machines................	2 537 522	07
Huile, graisse, éclairage et eau des machines.	585 219	32

TROISIÈME DIVISION. — TRAVAUX ET SURVEILLANCE.

Service central; personnel et dépenses diverses...........................	401 608	49
Entretien de la voie.......................	2 559 068	35
Surveillance de la voie....................	631 857	70
Dépenses d'exercices clos................	755	07
Total......	18 982 629	11

En 1856, les recettes brutes n'avaient été que de 47 340 000 fr., c'est donc une augmentation de 2 950 000 ou de 6 pour 100 pour 1857.

En 1856, les dépenses s'étaient élevées à 18 965 002 fr. 84 c.

En 1857, elles n'ont donc augmenté que de 16 000 fr. 20 c., malgré l'extension kilométrique du réseau par suite de l'ouverture des lignes de Creil à Beauvais et de Tergnier à Laon, et malgré un développement considérable dans la circulation des trains, qui, en 1857, ont parcouru 220 100 kilomètres de plus qu'en 1856.

Aussi le rapport des dépenses aux recettes qui, en 1856, était de 40 pour 100, est-il descendu pour 1857 à 38 pour 100.

La dépense par kilomètre de chemin exploité, qui était, en 1855, de.............. 24 590 fr. est descendue, en 1857, à........... 23 230

La réduction est donc de.......... 1 360 fr. ou de 5 pour 100.

En 1856, la dépense avait été de 23 860 fr., soit 650 fr. de plus qu'en 1857.

A quelque point de vue que les faits de l'exercice 1857 soient envisagés, ils présentent une amélioration et dans les recettes et dans les dépenses.

Si de ces considérations d'ensemble on passe à l'analyse des détails, on constate les résultats suivants :

Comparativement à 1856, les transports de voyageurs, de bagages, d'articles de messagerie et accessoires de la grande vitesse, en faisant la déduction ordinaire, présentent une augmentation de 789 000 fr. ou de 3 1/2 pour 100, et ceux de la petite vitesse un accroissement de 2 164 100 fr. ou 8 1/2 pour 100.

Le service des marchandises, qui, en 1856, représentait déjà 53 1/2 pour 100 dans les recettes totales, y figure en 1857 pour 54 1/2 pour 100.

Le tableau suivant montrera quelle a été la progression de cette branche de produits.

ANNÉES.	RECETTES de la petite vitesse.	PART proportionnelle dans l'ensemble des produits.
1852	10 740 000	35,5
1853	14 401 000	44
1854	18 660 000	48
1855	23 541 000	49
1856	25 252 000	53,5
1857	27 462 000	54,5

Ainsi, de 1852 à 1857, c'est-à-dire dans une période de six ans, les transports de marchandises ont vu leurs recettes croître de 10 740 000 à 27 462 000 fr. ou de 156 pour 100 ; cependant le nombre des kilomètres exploités n'a été porté que de 720 kilomètres à 862 kilomètres, augmentation de 21 pour 100 ; et encore n'est-ce que depuis le dernier trimestre 1856 que la compagnie a exploité les 87 kilomètres de Saint-Quentin à Erquelines ; les 28 kilomètres de Tergnier à Laon, et les 38 kilomètres de Creil à Beauvais, ne font partie de l'exploitation que depuis septembre 1857.

Le transport de la houille présente, en 1857, une grande augmentation sur 1856.

Le tonnage a été de 876 000 tonnes au lieu de........... 621 000

La recette a été de............ 6 000 000 fr. au lieu de..................... 4 263 000

Cette augmentation tient à deux causes : à la réduction des tarifs et aux facilités nouvelles que la compagnie a données au public à Paris.

En 1857, les voyageurs ont parcouru 4 510 012 kilomètres, les marchandises 3 642 328 ; le total de la circulation a donc été de 8 152 340 kilomètres.

Le produit des voyageurs, par classe, s'est réparti comme il suit :

CLASSES.	NOMBRE des voyageurs.	RECETTE.
1re	639 550	6 382 836 fr. 36 c.
2e	1 501 955	5 103 672 21
3e	4 024 635	6 622 045 92
Recettes à titres divers.......	»	305 431 76
Ensemble..	6 166 140	18 413 986 fr. 25 c.

CLASSES.	PRODUIT moyen d'un voyageur.	PROPORTION DES CLASSES	
		pour 1000 voyageurs.	pour 1000 fr. de recette.
1re	9 fr. 98 c.	104	346
2e	3 60	243	294
3e	1 64	653	360
Ensemble.	2 fr. 99 c.	1000	1000

Les 6 166 140 voyageurs se subdivisent ainsi :

	Recettes.	Parcours moyen.
Voyageurs à prix complet.	5 834 263. 17 709 258.	44 kilom.
Militaires et indigents..	258 439. 487 495.	69
Trains de plaisir........	73 438. 217 233.	113

La recette moyenne d'un train, par kilomètre parcouru, a été

pour la gr. vitesse, de 2 fr. 80 c. ⎱ ensemble 6 fr. 17 c.
pour la petite vitesse, 3 fr. 37 c. ⎰

La dépense moyenne du train a été de 2 fr. 328.

RÉPARTITION DES RECETTES ET DES DÉPENSES ENTRE LES CINQ SECTIONS
DU CHEMIN DE FER DU NORD EN 1857.

	PARIS A AMIENS et Beauvais.	AMIENS aux frontières de terre.	LILLE A CALAIS et à Dunkerque.	CREIL A ERQUELINES et à Laon.	AMIENS à Boulogne.	ENSEMBLE.
Longueur moyenne exploitée.	161	192	142	198	124	817
Recettes de la grande vitesse....................	10 760 000	4 940 000	2 243 000	3 320 000	1 566 000	22 829 000
Recettes de la petite vitesse....................	10 990 000	9 410 000	1 250 000	4 198 000	1 614 000	27 462 000
Total [1].................................	21 750 000	14 350 000	3 493 000	7 518 000	3 180 000	50 291 000
Rapport des recettes de chaque section à la recette totale...........................	0,433	7,284	0,071	0,149	0,063	1,000
Recette moyenne par kilom. { Grande vitesse....................	6 6,830	25,000	15,800	16,800	12,600	27,855
Recette moyenne par kilom. { Petite vitesse....................	6 8,260	49,000	8,800	21,200	13,000	33,700
Ensemble................	135,090	74,600	24,600	38,000	25,600	61,555
Dépense moyenne par kilomètre de chemin.........	43,860	24,610	14,190	17,000	8,250	23,230
Recette brute par kilomètre.....................	135,090	74,600	24,600	38,000	25,600	61,555
Dépenses totales.............................	43,860	24,610	14,190	17,000	8,250	23,230
Produit net par kilomètre.....................	91,230	49,990	10,410	21,000	17,350	38,325
Rapport de la dépense à la recette brute............	0,324	0,328	0,575	0,445	0,575	0,3774
Part de chaque section dans le parcours kilométrique.	0,375	0,248	0,093	0,183	0,101	1,000
Recette moyenne d'un kilomètre de parcours des locomotives.......................... ..	6,42	6,44	4,17	4,56	3,48	5,58
Dépense moyenne par kilomètre parcouru par les machines.........................	2,090	2,115	2,415	2,042	2,016	2,100
Recette moyenne d'un kilomètre de train. { Grande vitesse....................	3,54	2,43	2,96	2,23	1,87	2,80
Recette moyenne d'un kilomètre de train. { Petite vitesse	3,61	4,64	1,65	2,80	1,93	3,37
Ensemble................	7,15	7,07	4,61	5,03	3,80	6,17
Dépense moyenne d'un train par kilom. de parcours..	2,31	2,336	2,674	2,250	2,220	2,328

1. Déduction faite de l'impôt du 10ᵉ, des détaxes et subventions.

Les gares qui ont fourni le plus grand nombre de voyageurs sont celles de

Paris........	1 416 284	ayant produit	6 562 055 fr. 03 c.
Lille..........	601 692	—	1 189 085 05
Saint-Denis....	469 311	—	199 509 35
Enghien.......	289 777	—	199 988 24
Roubaix.......	238 723	—	170 891 46
Amiens........	159 947	—	743 467 96
Douai.........	146 418	—	459 318 54
Pontoise.......	126 922	—	219 856 33
Mouscron......	125 870	—	262 643 fr. 91 c.
Saint-Quentin .	116 114	—	403 771 05
Tourcoing.....	112 109	—	76 303 68
Valenciennes...	99 310	—	389 824 29
Compiègne. ...	98 650	—	358 221 83
Dunkerque....	82 566	—	216 221 06
Boulogne......	80 473	—	945 114 79

Mais si, au produit des voyageurs, on ajoute celui des marchandises, les numéros d'ordre sont bien différents : les 13 premières stations sur cette liste, qui en comprend 106, ont seules dépassé un million de produits.

```
 1º Paris................  12 551 719 fr. 63 c.
 2º Quiévrain...........   4 590 930    48
 3º Lille .. ...........   3 752 274    39
 4º Boulogne...........    3 178 616    22
 5º Erquelines..........   3 059 131    58
 6º Somain..............   2 051 043    96
 7º Amiens .............   1 759 016    58
 8º Valenciennes........   1 528 314    83
 9º Dunkerque..........    1 424 500    65
10º Calais..............   1 347 130    87
11º Douai...............   1 158 021    27
12º Arras..............    1 149 419    41
13º Saint-Quentin.......   1 078 566    86
14º Compiègne..........      614 485    85
```

Le matériel roulant, au 31 décembre 1857, était composé de

```
                                                      kilom.
  405 machines, ayant parcouru, dans l'année.      9 015 000
 1136 voitures à voyageurs, fourgons, trucs, etc.  44 210 302
 7694 wagons à marchandises..................     106 998 971

 9235 véhicules..............................     160 224 273
      En déduisant le parcours effectué sur les
          lignes étrangères, soit...............   16 337 107

      Il reste................................     143 887 166
      Si l'on ajoute le parcours des wagons
          étrangers sur la ligne du Nord.......      8 664 345
      on trouve que la circulation totale sur
          la ligne du Nord est de.............     152 551 511
```

ÉTAT DES TRAVAUX DES LIGNES EN CONSTRUCTION.

Ligne de Tergnier à Reims. — Cette ligne, qui faisait partie des concessions de 1852, n'a été maintenue dans le réseau que pour la partie entre Tergnier et Laon, laquelle a seulement 28 kilomètres de longueur; l'autre partie, de Laon à Reims, d'une étendue de 52 kilomètres, ayant été rattachée au réseau des Ardennes, en vertu d'un arrangement avec la compagnie de ce nom.

Ligne de Busigny à Somain. — La longueur totale de cette ligne est de 49 kilomètres, dont 8, de Somain à Lourches, ont été mis en circulation au mois d'octobre 1856. C'est cette section qui dessert et relie au réseau du Nord les charbonnages de Douchy et de Denain. Quant aux 41 kilomètres de Lourches à Busigny par Bouchain et Cambrai, ils ont été livrés à l'exploitation le 15 juillet 1858. Ce chemin de fer doit desservir l'importante ville de Cambrai et son arrondissement; il

mettra en communication directe les ports de Calais et de Dunkerque, et les places de Lille, Roubaix et Valenciennes, avec les villes de Saint-Quentin et de Reims et les usines de la Haute-Marne.

Ligne de Saint-Denis à Creil. — La ligne de Saint-Denis à Creil, qui devait être ouverte au mois d'août 1858, ne sera entièrement livrée au public qu'au printemps de 1859. La limitation des dépenses annuelles par l'administration supérieure est la seule cause de ce retard.

Ligne de Noyelles à Saint-Valery. — Cette ligne traverse la baie de la Somme près de l'embouchure de cette rivière; elle n'a que 6 kilomètres de développement. Elle est établie, partie sur remblais et partie sur une estacade à claires-voies, ayant 1300 mètres de longueur et donnant passage à la marée montante et descendante. Cet ouvrage d'art, qui place un chemin de fer au milieu des flots pendant la haute mer, est une véritable singularité, on peut même dire une curiosité, digne d'attirer l'attention des voyageurs.

L'exploitation de cette ligne, qui met le Tréport à 6 heures de Paris, a commencé pour l'ouverture de la saison des bains de 1858.

Ligne de Paris à Soissons. — Le chemin de fer de Paris à Soissons, en touchant aux communes du Bourget, de Livry, Vaujours, Mitry, Clayes, Juilly et Dammartin, ouvrira au chemin du Nord une troisième banlieue de Paris. Il fait enfin partie d'une ligne de Paris à Reims, plus courte de 13 kilomètres que celle qui passe par Épernay.

Sur les 40 premiers kilomètres à partir de Paris, le projet est arrêté et soumis à l'approbation ministérielle. Cette première section, qui ne présente que des travaux d'une importance minime, pourra être exploitée dans l'été de 1859.

Pour la partie comprise entre Dammartin et Soissons, deux tracés, passant l'un par Villers-Cotterets, l'autre par la Ferté-Milon, sont en concurrence, et le gouvernement s'est réservé le choix à faire entre eux. Les enquêtes sont terminées; elles se sont, à une grande majorité, prononcées en faveur du tracé de Villers-Cotterets, qui est aussi celui dont la compagnie réclame l'adoption.

Ligne de Boulogne à Calais. — La ligne de Boulogne à Calais a été considérée par le gouvernement comme intéressant les relations internationales, par le raccourcissement de la voie postale entre Paris et Londres. Le trafic local qu'elle doit produire résultera surtout des usines de Marquises, des minerais de ce bassin et des carrières de marbre de Landrethun.

Ligne de Rouen à Amiens. — La ligne de Rouen à Amiens crée une communication du plus haut intérêt entre les ports de Rouen et du Havre et toutes les régions desservies par le réseau du Nord. Elle transportera vers le nord les produits exotiques, et fera pénétrer en Normandie les charbons des bassins houillers, dont elle améliorera les conditions de concurrence avec le charbon anglais. La compagnie de l'Ouest a voulu partager cette concession avec le chemin du Nord; elle y est intéressée pour un tiers; mais l'exécution et l'exploitation de la ligne appartiennent exclusivement à la Compagnie du Nord. Le tracé n'est pas déterminé.

Ligne d'Amiens à Saint-Quentin. — La ligne d'Amiens à Saint-Quentin, qui traverse une riche contrée agricole et dessert la ville de Ham, point industriel important, complète, avec la ligne de Rouen à Amiens, une communication entre Rouen et Reims, plus courte que celle qui passe par Paris et Épernay.

Lignes des houillères du Pas-de-Calais — Le nom même de cette ligne définit son but et donne une idée de son importance. Quelques questions de tracé retardent encore l'approbation des projets.

Ligne de Chantilly à Senlis. — Cette ligne n'a qu'un développement de 11 kilomètres; elle doit être construite à une seule voie; le terrain ne présente pas de difficultés; les projets sont prêts.

Ligne de Saint-Ouen-l'Aumône à Pontoise et d'Ermont à Argenteuil. — Au moyen de ces deux petits tronçons, un nouveau courant de circulation remplacera, sur la ligne actuelle de Pontoise, la portion de trafic que lui fera perdre l'ouverture du chemin direct de Saint-Denis à Creil. Un chemin de fer de Paris à Givors, avec prolongement ultérieur, qui va être concédé à la compagnie de l'Ouest, doit en effet, suivant les conditions déjà réglées, emprunter les voies entre Argenteuil et Pontoise, comme celle-ci empruntera à son tour un certain nombre de kilomètres des voies de la

Compagnie de l'Ouest, pour le parcours d'Amiens à Rouen.

Ligne de Villers-Cotterets au Port-aux-Perches. — L'une des clauses de la convention du 21 juin 1857 imposait à la compagnie du Nord l'obligation de racheter la concession du chemin de fer de Villers-Cotterets au Port-aux-Perches. Cette ligne, qui devient un embranchement du chemin de Soissons, n'est organisée que pour un service de marchandises. Son développement est de 8600 mètres.

CONVENTIONS DE LA COMPAGNIE DU NORD AVEC LES CHEMINS DE FER BELGES.

Une assemblée générale extraordinaire des actionnaires de la compagnie du chemin de fer du Nord, réunie le 20 juillet 1858 pour examiner deux nouveaux traités conclus par le conseil d'administration avec les sociétés des chemins de fer belges, a ratifié ces deux traités à l'unanimité.

Par le premier de ces traités la compagnie du Nord prend à bail, à partir du 1ᵉʳ juillet 1858, les lignes de Hautmont à Mons et Saint-Ghislain, moyennant une annuité de 1 200 000 fr., payable par semestre; mais, comme ces lignes n'auront pas obtenu tout leur développement pendant les trois premières années, l'annuité ne sera que de 1 100 000 fr. pendant cette période, soit 550 000 fr. par emestre.

Le second traité a été conclu avec la compagnie de Namur à Liége et de Mons à Manage. Le traité du 22 décembre 1854, par lequel la compagnie du Nord prend ces lignes à bail, stipulait que la société belge s'interdisait toute adjonction ou construction de chemins nouveaux, à moins d'autorisation de la compagnie française. Dans le cas où un chemin de fer serait construit dans un délai de dix ans dans la vallée de la Meuse, de la frontière à Vireux, elle s'engageait à y rattacher le chemin de fer de Liège, en le prolongeant par Dinan jusqu'à la frontière.

C'est l'exécution de cette clause qui fait le sujet du nouveau traité, et qui a pour but de contre-balancer la concurrence que pourraient faire à la compagnie du Nord les concessions du chemin de fer des Ardennes.

La compagnie du Nord s'engage à construire elle-même cette ligne de prolongement, qui, partant de Namur, devra passer par Dinan et la frontière de France, pour venir aboutir à Givet, où elle se soudera au réseau français. La compagnie belge de Liége à Namur contractera un emprunt par obligations de 500 fr., rapportant 15 fr. d'intérêts, pour couvrir les dépenses de ce prolongement. Les fonds provenant de cet emprunt seront versés à la compagnie du Nord, qui est chargée de la construction et de l'exploitation, et qui s'oblige à payer aux porteurs d'obligations l'intérêt semestriel et le montant de l'annuité nécessaire à l'amortissement.

COMPAGNIE DES CHEMINS DE FER DU NORD.

CONSEIL D'ADMINISTRATION.

MM. de Rothschild (baron J.), G. O. ✻ président du Conseil ; Delebecque, O. ✻ vice-président ; Hottinguer (Ph.), ✻ ; Dalon (marquis), O. ✻ ; Caillard aîné (Marc), ✻ ; Lebobe, ✻ ; Pepin-Lehalleur, ✻ ; de Galliera (duc) ; Léon Say ; de Rothschild (Nathaniel) ; Barbet (Henri), ✻ ; Joly de Bammeville (baron) ; Dassier, ✻ ; de l'Aigle ; de Saint-Didier ✻ ; Adam, O. ✻ ; Picard, ✻ ; général Morin, C. ✻ ; Poisat, O. ✻ ; de Lagrené, G. O. ✻ ; Dechamps, G. C. ✻ ; Félix Vernes ; de Rothschild (Alphonse).

ADMINISTRATEURS RÉSIDANT A LONDRES.

MM. Antony de Rothschild ; Lionel de Rothschild ; William Chaplin ; Baxendale.

COMITÉ DE DIRECTION.

MM. Baron J. de Rothschild, G. O. ✻ ; Delebecque, O. ✻ ; Dalon (marquis), O. ✻ ; Marc Gaillard, ✻ ; Lebobe, ✻ ; Poisat, O. ✻ ; de Saint-Dizier (baron), ✻ ; Say (Léon).

INGÉNIEUR CONSEIL.

M. Clapeyron, O. ✻, ingénieur en chef des mines.

SECRÉTARIAT.

MM. Castel, chef du secrétariat ; Petit de Coupray, ✻, caissier de la Compagnie ; de Ronseray, chef du contentieux ; Gœpfert, chef de la comptabilité générale.

EXPLOITATION.

MM. Petiet, O. ✻, ingénieur, chef de l'exploitation ; Mathias Félix ✻, ingénieur, inspecteur principal ; Verberckmoes, ✻ agent commercial ; Quellain, agent commercial à Lille ; Thouin, chef du mouvement de la première section ; de Nazon, chef du mouvement de la deuxième section ; Volait, chef du mouvement de l'embranchement de Boulogne ; Jourdan, chef du service des voitures de correspondance ; Cousin, chef du bureau central ; Delebecque, chef du contrôle ; Ohnet, inspecteur général des lignes belges du Nord.

MATÉRIEL.

MM. Petiet, O. ✻, ingénieur, chef à la fois de l'exploitation et du matériel ; Loustau, agent administratif du matériel ; Chobrzynski, ✻, ingénieur inspecteur principal de la traction ; Mathias (Ferdinand), ingénieur de la traction, deuxième section ; Romme, ingénieur de la traction, à Tergnier ; Guérard, ingénieur de la traction, à Amiens ; Nozo, ingénieur des ateliers, à la Chapelle ; Bricogne, ✻, ingénieur-inspecteur principal du matériel ; Farrenc, chef de la comptabilité ; Graffin, chef du bureau central.

———

Le siége de l'Administration est place Roubaix, 24.

LES CHEMINS DE FER DE L'EST.

Un chemin de fer de Paris à Strasbourg par Nancy, avec embranchement sur Metz, avait été compris en troisième rang parmi ceux pour l'étude desquels la loi du 27 juin 1833 ouvrit un crédit de 500 000 fr.

En 1837, MM. Kœchlin frères obtinrent la concession d'un chemin de fer de Mulhouse à Thann, et en 1838, la ligne plus importante de Strasbourg à Bâle. Mais la compagnie constituée pour construire cette dernière ligne se vit bientôt obligée de réclamer les secours de l'État, qui lui prêta (15 juillet 1840) 12 600 000 fr. Grâce à ce subside, elle put achever ses travaux, et en 1841 eut lieu l'inauguration de la ligne entière.

La loi du 11 juin 1842 décréta l'exécution d'un chemin de fer sur la frontière d'Allemagne par Strasbourg, et la loi du 26 juillet 1844 en détermina le tracé. Cette dernière loi décida que les lignes de Lyon et de Strasbourg, qu'on avait songé à réunir sur un tronc commun d'une plus ou moins grande longueur en partant de Paris, suivraient deux directions complétement divergentes ; mais, pour desservir la région qu'elles laissaient entre elles, on classa dès cette époque le chemin de Montereau à Troyes, qui fut concédé en 1844 pour 99 ans, à la condition que tous les travaux seraient exécutés par la compagnie concessionnaire.

Une loi du 19 juillet 1845 concéda la ligne de Paris à Strasbourg, avec double embranchement sur Reims, Metz et Saarbruck, dans le système de la loi de 1842, c'est-à-dire avec le concours de l'État pour l'acquisition des terrains et les constructions des terrassements et des ouvrages d'art, mais elle obligeait la compagnie à supporter tous les frais du dernier embranchement; la durée de jouissance fut réduite de 45 à 43 ans 286 jours, par une adjudication approuvée le 27 novembre 1845.

En 1846, les chambres autorisèrent le gouvernement à mettre en adjudication le chemin de fer de Saint-Dizier à Gray, destiné à relier transversalement la ligne de Lyon avec celle de Strasbourg.

Différents décrets de l'année 1852 concédèrent les lignes accessoires de Strasbourg à Wissembourg (25 février), de Metz à Thionville (25 mars), de Blesmes à Gray (26 mars), de Provins aux Ormes (28 juillet).

En 1853, le système de fusion déjà appliqué aux lignes du Nord, du Centre et de la Méditerranée, fut étendu (17 août) aux lignes de l'Est. Ce réseau ainsi constitué comprit alors la ligne principale de Paris à Strasbourg, les lignes accessoires de Montereau à Troyes, et de Blesmes à Gray, les embranchements sur Reims, Forbach et Thionville, trois nouveaux chemins de fer : de Paris à Mulhouse, avec embranchement sur Coulommiers, de Nancy à Gray, et de Paris à Vincennes et Saint-Maur.

Un décret du 20 avril 1854 réunissait de plus au groupe des lignes de l'Est les chemins de fer de Strasbourg à Bâle et à Wissembourg, et portait concession d'un chemin destiné à franchir le Rhin et à relier ainsi, par une voie continue, la ligne de Strasbourg aux chemins de fer allemands.

Des décrets des 21 janvier et 6 février 1857 ont depuis concédé à la compagnie de l'Est un embranchement de Bar-sur-Seine à la ligne de Paris à Mulhouse, et le raccordement de cette ligne avec celle de Paris à Vincennes et Saint-Maur. Un décret de la même année, en date du 3 juillet, a concédé le chemin de fer du camp de Châlons.

Le réseau de la compagnie de l'Est se trouve donc ainsi constitué (août 1858) :

Ligne de Paris à Strasbourg	502 kil.
Embranchement d'Épernay à Reims	30
A reporter	532

CHEMINS DE FER DE L'EST.
Itinéraire de la France par A. JOANNE.
L. HACHETTE et Cie — Paris. 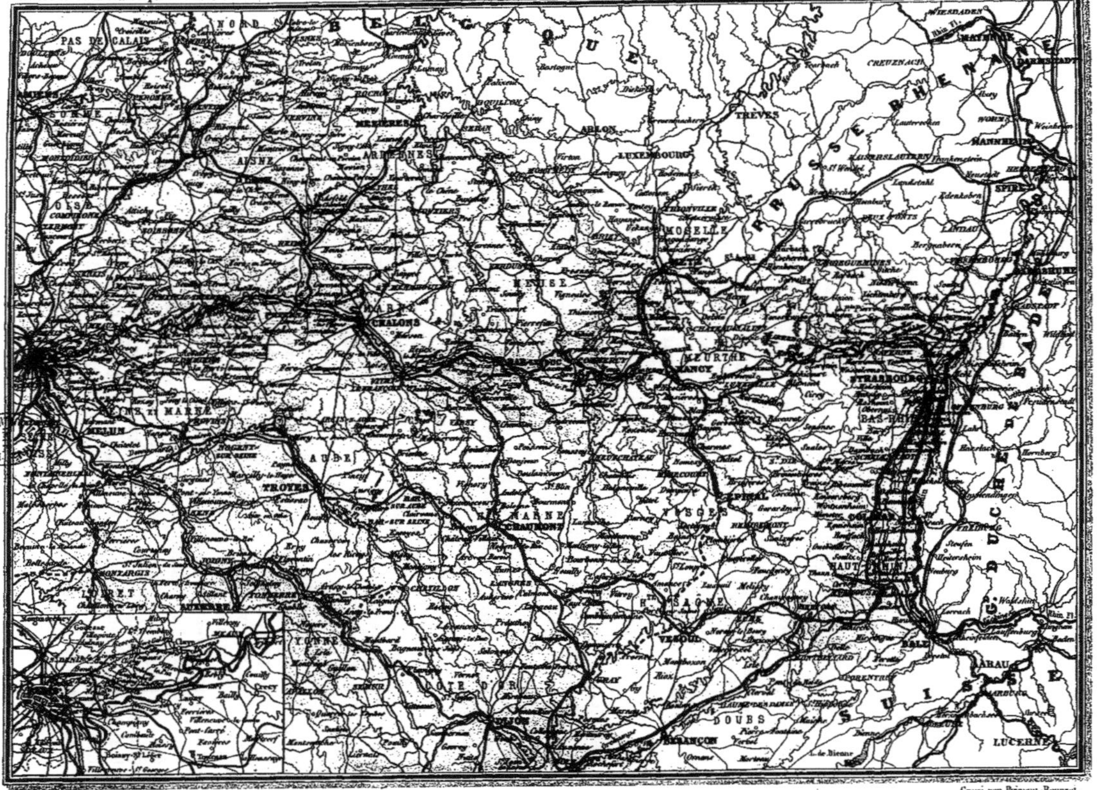
Dressé par A. H. Dufour, sous la Direction d'Ad. Joanne.
Gravé par Primaut-Rousset.
Kilomètres.
BELGIQUE
PRUSSE RHÉNANE
SUISSE
GRAND DUCHÉ DE BADE
NORD
PAS DE CALAIS
SOMME
AISNE
ARDENNES
MOSELLE
MEUSE
MARNE
CHALONS
MEURTHE
NANCY
STRASBOURG
BAS-RHIN
HAUT-RHIN
AUBE
TROYES
HTE MARNE
CHAUMONT
VOSGES
ÉPINAL
HTE SAONE
VESOUL
CÔTE D'OR
DOUBS
BESANÇON
YONNE
LOIRET
MONTARGIS
LUXEMBOURG
TREVES
WIESBADEN
DARMSTADT
MANNHEIM
SPIRE
CREUZNACH
LUCERNE
ARAU

Report......	532	
Embranchement de Frouard à la frontière prussienne, par Metz..	122	
Ensemble..........		654 kil.
De Metz à Thionville................	30	
De Thionville à la frontière..........	16	
Ensemble.........		46
De Paris à Mulhouse................	438	
De Nancy à Vesoul, par Epinal.....	189	
Embranchement de Coulommiers.....	32	
Embranchement de Provins et des Ormes.........................	8	
De Paris à Vincennes et Saint-Maur..	17	
Ensemble..........		684
De Blesmes et Saint-Dizier à Gray...	180	
De Montereau à Troyes	100	
De Strasbourg à Bâle................	139	
De Strasbourg à Wissembourg.......	58	
De Mulhouse à Thann..............	14	
Chemin de fer du camp de Châlons..	25	
De Bar-sur-Seine à la ligne de Mulhouse...........................	Mémoire.	
Raccordement de la ligne de Mulhouse avec celle de Vincennes.....	Mémoire.	
Ensemble..........		516
Total général...		1900 kil.

En déduisant les sections communes à diverses lignes, la longueur du réseau est réduite à 1845 kil.

La compagnie s'est, en outre, engagée, sous la réserve d'un traité international à conclure, à raccorder la ligne de Strasbourg avec le Rhin, et à participer aux travaux de construction d'un pont sur ce fleuve.

Enfin, un traité a été passé le 12 mai 1857 entre la compagnie de l'Est et la compagnie des Ardennes, ayant pour objet la réunion ultérieure du réseau des Ardennes à celui de l'Est.

La durée de la concession, portée à 99 ans en 1852, expire le 27 novembre 1854. L'État s'est réservé une faculté de rachat qui ne peut commencer à s'exercer qu'en 1871, et seulement sur l'ensemble des lignes concédées. La compagnie n'a reçu de l'État ni subvention, ni garantie d'intérêt, sauf une allocation de 3 000 000 pour le prolongement jusqu'à Wissembourg de la ligne de Bâle à Strasbourg. De plus, l'administration des postes doit lui payer, pendant environ 40 ans, une indemnité annuelle de 350 000 à 400 000 fr. Après le 31 décembre 1860, la compagnie partagera avec l'État ses bénéfices au delà de 8 pour 100 de la somme totale qu'elle aura dépensée, remboursera

à l'État une somme de 12 600 000 fr. due par la compagnie de Strasbourg à Bâle, une somme de 3 millions due par la compagnie de Montereau à Troyes, et exonérera le Trésor de la garantie d'intérêts antérieurement promise aux lignes de Saint-Dizier à Gray et de Strasbourg à Wissembourg.

Sur l'ensemble du réseau, 1398 kilom. étaient exploités au 31 décembre 1857; la moyenne, pour l'année entière, a été de 1256 kilom.

Les sections suivantes ont été successivement livrées à l'exploitation :

Mulhouse à Thann..............	12 septembre 1839;
Benfeld à Colmar................	18 octobre 1840;
Mulhouse à Saint-Louis.........	25 octobre 1840;
Kœnigshoffen à Benfeld.........	1ᵉʳ mai 1841;
Colmar à Mulhouse...	5 août 1841;
Kœnigshoffen à Strasbourg......	26 mars 1844;
Saint-Louis à la frontière..	13 juin 1844;
Montereau à Troyes.............	10 avril 1848;
Paris à Meaux.................	10 juillet 1849;
Meaux à Épernay...............	21 août 1849;
Épernay à Châlons.............	10 novembre 1849;
Metz à Nancy..................	10 juillet 1850;
Châlons à Vitry................	5 septembre 1850;
Vitry à Bar-le-Duc.............	29 mai 1851;
Sarrebourg à Strasbourg........	29 mai 1851;
Metz à Saint-Avold.............	24 juillet 1851;
Strasbourg à Wissembourg......	22 octobre 1851;
Bar-le-Duc à Commercy.........	18 novembre 1851;
Commercy à Nancy.............	19 juin 1852;
Nancy à Sarrebourg.............	12 août 1852;
Forbach à la frontière..........	16 novembre 1852;
Blesmes à Saint-Dizier..........	15 février 1854;
Metz à Thionville...............	16 septembre 1854;
Saint-Dizier à Donjeux..........	17 juillet 1855;
Wendenheim à Haguenau.......	18 juillet 1855;
Donjeux à Chaumont.............	25 juillet 1855;
Noisy à Nogent................	7 juillet 1856;
Troyes à Chaumont.............	25 avril 1857;
Châlons au camp............. ..	12 septembre 1857 ;
Chaumont à Langres............	14 octobre 1857;
Dannemarie à Mulhouse........	15 octobre 1857;
Dannemarie à Belfort...........	15 février 1858;
Langres à Vesoul................	22 février 1858;
Vesoul à Belfort.................	26 avril 1858;
Chalindrey à Gray..............	12 juillet 1858.

SITUATION FINANCIÈRE EN 1857.

Le capital réalisé s'élevait, au 31 décembre 1856, à 491 941 566 fr. 90 cent.

A la même époque, les dépenses montaient à 489 941 266 fr. 90 cent., comprenant, outre les frais de construction, de pose de voie et d'acquisition du matériel, les intérêts payés aux actions et aux obligations avant la mise en exploitation, et la différence entre le montant effectif des emprunts et le taux d'émission.

Au 31 décembre 1857, le capital s'élevait à 587 967 182 fr. 93 cent., et les dépenses de toute nature atteignaient le chiffre de 557 349 027 fr. 76 cent.

La situation financière de l'exercice 1857 s'établissait ainsi :

	fr.	c.
Le solde, au 31 décembre 1856, était de..	16 034 381	04
Les recettes de toute nature se sont élevées, au 31 décembre 1857, à................	135 721 538	62
Ensemble........	151 755 919	66
Les dépenses à........................	146 505 787	90
Excédant des recettes sur les dépenses, au 31 décembre.......................	5 250 131	77
A déduire : cautionnements déposés au Trésor................................	1 860 000	»
Somme disponible au 31 décembre 1857...	3 390 131	77

EXPLOITATION DE L'ANNÉE 1857.

L'exploitation pour l'année 1857 a donné les résultats suivants :

RECETTES.

	fr.	c.
Produits bruts, impôts déduits...........	48 026 578	21
Auxquels il faut ajouter pour reliquat des produits de 1856.....................	5 058	92
Et pour recettes diverses....	418 310	41
Total......	48 449 947	54
A déduire : restitution pour surtaxes......	68 643	61
Subventions aux correspondances, omnibus, factage, camionnage, etc..........	866 322	97
Remises selon traités...................	205 196	01
Parcours réciproques de wagons..........	54 628	97
Total.	1 194 791	56
Il reste....	47 255 155	98

DÉPENSES.

	fr.	c.
Dépenses : service de la voie............	4 199 897	38
Service de la traction..................	9 475 423	56
Service de l'exploitation................	5 946 284	25
Service commercial....................	226 005	85
Service central.......................	695 771	09
Assurances, impôts, frais de surveillance, etc.............................	533 146	73
Intérêt des obligations et amortissement,		
A Reporter.....	31 076 528	86

	fr.	c.
Report......	31 076 528	86
Intérêt des actions.....................	10 000 000	»
déduction faite de l'excédant des recettes de l'exploitation des lignes nouvelles....	5 223 613	88
Prélèvement pour la caisse des retraites....	75 000	»
Total des dépenses.....	36 375 142	74
Solde à répartir.......................	10 880 013	24
En portant au fonds de réserve conformément à l'article 46 des statuts 5 pour 100 de ce produit net, c'est-à-dire la somme de	544 000	66
Il reste à distribuer aux actions..........	10 336 012	58

Aux termes de l'article 50 des statuts, le dividende a été fixé à la somme de 20 fr. 65 cent. par action, qui, réunis aux 20 fr. du premier dividende payé en novembre dernier, ont formé, pour 1857, un dividende total de 40 fr. 65 cent. par action. Le reliquat, montant à 11 012 fr. 58 cent., a été reporté au prochain exercice.

Les produits de l'exploitation se sont élevés, comme on l'a vu, à 48 026 578 fr. 21 cent., ce qui porte à 38 237 fr. 74 cent. le produit moyen par kilomètre, déduction faite de l'impôt dû au Trésor.

Le produit kilométrique moyen, pour 1856, qui ne s'appliquait qu'aux anciennes lignes sur une longueur de 891 kilom., avait été de 41 123 fr. 43 cent., non compris les recettes d'ordre. L'exercice de 1857 présente donc sur celui de 1856 une augmentation de 365 kilom. dans la longueur moyenne exploitée, et une diminution de 2885 fr. 69 cent. dans le produit moyen kilométrique.

Toutefois, si l'on considère que l'énorme différence dans la longueur exploitée provient de l'addition des lignes récemment ouvertes à l'exploitation, et encore incomplètes, le produit kilométrique de 1857 paraîtra rassurant pour l'avenir.

Le nombre des voyageurs a été de 5 121 512, et le produit total de 18 096 271 fr. : soit 37 pour 100 de la recette générale.

Le produit moyen d'un voyageur est de 0 fr. 06 cent. 8 par kilomètre.

La répartition des voyageurs entre les différentes classes est de :

Première classe.......	7 25 pour 100;
Deuxième classe.....	15 70 —
Troisième classe......	77 05 —

On remarque, par comparaison avec 1856, une

légère diminution dans la proportion des voyageurs de première classe. Cette diminution résulte de ce que les sections nouvellement ouvertes donnent pour le moment moins de voyageurs de long parcours que les sections anciennes, et aussi de ce que le nombre des voyageurs de banlieue entre dans le nombre total des voyageurs transportés pour un chiffre relativement plus élevé que les années précédentes.

La compagnie de l'Est entretenait, à la fin de 1857, 486 services de correspondance aboutissant à 70 stations, parcourant chaque jour 11 099 kilomètres, et occupant plus de 1100 chevaux.

Le mouvement procuré aux lignes en exploitation par ces services, pendant l'exercice 1857, a été de 1 156 360 voyageurs, et la recette de 2 545 286 fr.

Le produit des transports à grande vitesse, bagages de voyageurs, articles de messagerie, finances, marchandises expédiées par les trains de voyageurs, etc., a été de 3 697 602 fr. 13 cent., soit 21 pour 100 du produit des voyageurs, et 8 pour 100 de la recette générale.

En 1852, époque à laquelle a été ouverte la ligne entière jusqu'à Strasbourg, les marchandises transportées à petite vitesse entraient pour 45 pour 100 dans les recettes. Elles y figurent en 1859 pour 63 pour 100.

Le produit de cette nature de transports a été, au total, de 26 232 704 fr. 81 cent.

Le nombre de tonnes transportées s'est élevé à 2 035 772, soit par jour, en moyenne, 5577.

Le parcours moyen de chaque tonne a été de 169 kilom., et le produit moyen de 12 fr. 18 cent., soit par tonne et par kilomètre à fr. 07 cent. 2.

D'un exercice à l'autre, l'accroissement a été :

Sur la ligne de Paris à Strasbourg, de 4.62 pour 100 ;

Sur l'embranchement d'Épernay à Reims, de 7.78 pour 100 ;

Sur l'embranchement de Frouard à Forbach, de 20.96 pour 100 ;

Sur l'embranchement de Metz à Thionville, de 23.55 pour 100 ;

Enfin, sur l'embranchement de Vendenheim à Wissembourg, de 29.63 pour 100.

Au 1ᵉʳ janvier 1858, le matériel roulant, qui, dans sa totalité, représente une somme de 75 943 362 fr. 25 cent., comprenait :

931 locomotives et tenders ;
174 voitures de première classe ;
118   —   mixtes ;
240   —   de deuxième classe ;
625   —   de troisième classe ;
444 fourgons, trucks, écuries ;
8923 wagons à marchandises.

Les trains, qui avaient parcouru, en 1856, 8 600 000 kilomètres, en ont parcouru, en 1857, 10 073 161. Aussi, en prévision des besoins des exploitations nouvelles, la compagnie a commandé et il sera livré successivement :

27 machines mixtes ;
30   —   à marchandises ;
30 tenders ;
58 voitures de première classe ;
102   —   de deuxième classe ;
125   —   de troisième classe ;
112 fourgons à bagages ;
1303   —   à marchandises.

ÉTAT DES TRAVAUX.

Les renseignements suivants sont extraits du rapport du conseil d'administration, lu à l'assemblée générale du 29 avril 1858 :

« Les difficultés qu'a présentées, en 1857, la réalisation des ressources budgétaires, a contraint la compagnie à ralentir et à suspendre l'exécution des embranchements de Provins et de Coulommiers :

« Le tracé définitif de celui de Provins, ainsi que l'emplacement et le périmètre de la gare, sont approuvés. Nous sommes en possession de la majeure partie des terrains, et la construction est commencée. Sans pouvoir assigner une date précise à son achèvement, nous ne doutons pas qu'il ne soit prochain.

« Les plans parcellaires de l'embranchement de Coulommiers sont dressés et vont être mis aux enquêtes. Le crédit dont la disposition est laissée à la compagnie pour cette ligne, dans le cours de cet exercice, nous permettra de prendre possession d'une partie des terrains et de commencer les terrassements. Le surplus sera nécessairement renvoyé à l'exercice 1859.

5

« Il reste à ouvrir 40 kilom. pour compléter la ligne de Gray et la faire aboutir à la Saône et à l'embranchement d'Auxonne, qui appartient et nous relie au réseau de Lyon[1].

« De Chalindrey, où s'arrête actuellement l'exploitation, à Gray, les terrassements et les ouvrages d'art sont en ce moment à peu près terminés. Les bâtiments provisoires pour le service des voyageurs sont achevés. On pousse avec activité l'exécution des installations définitives destinées au service des marchandises. La gare de Gray comprend un bassin de transbordement qui met en communication la voie ferrée avec la Saône. Ce bassin, ouvrage considérable et coûteux, mais sans lequel notre entreprise eût manqué à l'une de ses destinations principales, est à peu près terminé.

« Des études multipliées ont dû être faites pour déterminer, entre Gray et Vesoul, le tracé à la fois le plus économique et le plus convenable. Ces études sont aujourd'hui accomplies; elles soulèvent des questions au sujet desquelles nous nous sommes pourvus auprès de l'autorité supérieure.

« Entre Vesoul et Épinal, le chemin transversal de Nancy à Gray est encore en lacune.

« Une somme de 4 millions a été inscrite au budget de 1858 pour combler cette lacune, à partir de Vesoul jusqu'à Ailleviller, sur une longueur de 30 kilomètres. Nos projets sont dressés et présentés à l'approbation de l'autorité. La voie de fer, sur cette section, en se maintenant sur la rive gauche des vallées de l'Angrogne, de la Combeauté et de la Lanterne, touche à la ville de Saint-Loup et aux bourgs de Conflans et de Faverney. Elle aura trois stations : celle d'Ailleviller, qui desservira Plombières, les forges de la Semouse et celles de la Haute-Moselle, à partir de Remiremont; celle de Saint-Loup, qui desservira la ville et l'établissement thermal de Luxeuil, et la majeure partie des cantons de Saint-Loup, Luxeuil, Francogney et Vauvillers; enfin celle de Conflans, qui mettra en relation avec le chemin de fer les forges de Varigney et de Beuchot, les papeteries et filatures de Brenche, et une partie des cantons de Vauvillers et de Saux.

1. Cette section a été ouverte, comme nous l'avons déjà constaté, le 12 juillet 1858.

« Les travaux ne présentent rien de difficile ou d'exceptionnel. Il s'y rencontre seulement quatre ouvrages d'art, d'une importance secondaire, savoir : deux ponts sur la rivière de la Lanterne, un sur la Combeauté, un sur l'Angrogne. Les marchés d'entreprise et de fournitures sont déjà préparés. Si l'approbation des projets ne se fait pas trop attendre, la section pourra être livrée à l'exploitation dans le courant de l'année prochaine.

« Aux termes de la convention du 25 mars 1852, nous avons pris l'engagement de commencer les travaux de la section de Thionville à la frontière du grand-duché de Luxembourg dès que, sur le territoire de ce duché, l'exécution du chemin de Luxembourg à la frontière française serait entreprise. Cette exécution est commencée. La section a 16 kilom. de longueur.

« Le chemin de Vincennes serait terminé et livré à l'exploitation, si un incident grave n'était venu inopinément mettre en question l'entrée de cette ligne dans Paris et l'emplacement que doit occuper notre gare. En effet, en vue de l'exécution de projets municipaux, jugés alors inconciliables avec notre propre tracé, nous avions reçu l'ordre de détourner la ligne sur un point au delà du boulevart Mazas, où serait établie la gare. Cette décision, si elle avait été maintenue, aurait changé, dans le sens le plus funeste, tout le sort de l'entreprise; mais, grâce à nos démarches, le tracé que la compagnie avait d'abord présenté a été itérativement approuvé. Toutefois, comme la ville de Paris, dans la distance qui sépare le boulevart Mazas de la Bastille, se propose la création d'un nouveau boulevard qui figure dans l'ensemble des projets de ses grands travaux, il a été réservé que, sur ce parcours, l'axe du chemin de fer serait dévié de manière à laisser entre la voie et le mur d'enceinte un espace de 32 mètres en largeur. Le chemin de Vincennes peut donc désormais être continué sans empêchement. Achevé dans le cours de l'exercice 1858 en même temps que s'exécutent les embellissements du bois de Vincennes, il offrira à cette portion de la ville qu'intéresse à un si haut degré la banlieue qui s'étend du quartier Saint-Antoine à Saint-Maur un moyen de circulation impatiemment attendu.

« Par le raccordement qui relie cette ligne à

celle de Mulhouse, nous aurons, en outre, à la charge de la section de Nogent-sur-Marne à Paris et de notre gare principale, une seconde entrée dans Paris. Cette circonstance, dont les avantages n'ont pas besoin d'être développés, ajoute une valeur considérable à la valeur propre de la ligne de Vincennes.

« Le 2 juillet 1857, une convention provisoire a pu être signée entre la France et le grand-duché de Bade, et tout autorise à dire qu'avant peu la Diète germanique aura voté les ratifications nécessaires. En attendant, les conditions d'établissement du pont ont été discutées et réglées entre les deux États contractants.

« Le raccordement entre Strasbourg et le Rhin aura un développement de 9 kilom. et demi; la longueur du pont sera de 235 mètres; ce pont sera établi à deux voies avec passerelle latérale pour les piétons, et la dépense de la construction sera par moitié à la charge du grand-duché de Bade et de la compagnie de l'Est. »

COMPAGNIE DES CHEMINS DE FER DE L'EST.

MM. Comte de Ségur, C. ✸, président; — duc de Galliera, vice-président; — Baignères, O. ✸; — Blacque-Belair; — Chevandier, ✸; — Dolfus-Mieg, ✸; — Dubochet, O. ✸; — Fol; — Hainguerlot; — baron d'Hervey, ✸; — Jayr, ✸; — Marcuard, ✸; — Perdonnet, ✸; — baron de Rothschild, G. O. ✸; — Alph. de Rothschild; — Roux; — Touchard; — Ém. Péreire, O. ✸; — d'Eichthal; — H. Davillier; — Morrison; — baron Renouard de Bussières; — Humphrey; — Weguelin; — George.

COMITÉ DE DIRECTION.

MM. de Ségur, président; — de Galliera, vice-président; — Baignères; — d'Hervey; — Jayr; — Perdonnet; — Roux.

ADMINISTRATION CENTRALE.

MM. Bossange, secrétaire général; — Desiles-Benard, chef du contentieux; — Fain, ✸, chef de la comptabilité; — Martin Saint-Léon, caissier.

SERVICES ACTIFS.

MM. Vuigner, O. ✸, ingénieur en chef ; — Hallopean, ✸, chef de l'exploitation; — Van de Wynckèle, chef du service commercial; — Sauvage, O. ✸, ingénieur en chef du matériel et de la traction.

M. Edward, S. ✸, ingénieur en chef du conseil.

———

Le siége de l'Administration est à la gare, place de Strasbourg.

LES CHEMINS DE FER DES ARDENNES.

Un décret du mois de juillet 1853 avait concédé à la compagnie des Ardennes les trois lignes suivantes :

La ligne de Creil à Beauvais, d'une longeur d'environ 40 kilomètres.

La ligne de Reims à Charleville, d'une longueur d'environ 86 kilomètres:

L'embranchement de Charleville à Sedan, d'une longueur d'environ 20 kilomètres.

Le réseau concédé aujourd'hui à la compagnie offre une longueur totale de 420 kilom., et se compose ainsi :

1° La ligne de Reims à Laon, échangée avec le chemin de fer du Nord contre celle de Creil à Beauvais, 52 kilom.

2° La ligne de Reims à Charleville, 86 kilom.

3° La ligne de Charleville à Sedan, 20 kilom.

4° La ligne de Charleville à la frontière belge par Givet, prolongement direct de la ligne de Reims à Charleville vers Liége et Anvers, concédée le 10 juin 1857, 67 kilom.

5° La ligne de Sedan à Thionville, prolongement direct de la ligne de Reims à Charleville, vers le N. O. de l'Allemagne, concédée le 10 juin 1857, 115 kilom.

6° L'embranchement de Longuyon à Longwy, destiné à relier le réseau des Ardennes avec les chemins de fer du Luxembourg, concédée le 10 juin 1857, 20 kilom.

7° La ligne de Reims à Soissons, ou à un point du chemin de fer de Paris à Soissons plus rapproché de Paris; sa longueur sera de 60 ou de 75 kilom., suivant la direction qui lui sera donnée, soit au minimum, 60 kilom.

La durée de la concession est de 99 ans, à partir du 1er janvier 1862. L'État s'est réservé la faculté de rachat à partir du 1er janvier 1874.

La compagnie des Ardennes doit exécuter ces chemins à ses frais, risques et périls, et en avoir terminé la construction dans un délai de 6 années, qui court du 10 juin 1857.

Le capital social a été porté à 130 millions, dont 63 millions en actions, et le surplus en obligations avec autorisation du gouvernement (Assemblée générale du 13 juin 1857.)

Le 12 mai 1857, la compagnie des Ardennes a échangé avec la compagnie du Nord la ligne de Tergnier à Reims, comprise entre Laon et Reims, contre celle de Creil à Beauvais. En outre, elle s'est réunie à la compagnie de l'Est en lui faisant apport de toutes les concessions qui lui appartiennent; mais cette fusion, bien que décidée, reste suspendue, quant à son exécution et à ses effets, jusqu'à l'expiration de la deuxième année d'exploitation du réseau complet des lignes concédées. Enfin elle a consenti à participer pour 300 000 fr. (500 000 fr. si le chemin se prolonge jusqu'à la frontière française) au chemin de fer de Marienbourg à Chimay.

EXPLOITATION EN 1857.

La compagnie n'a exploité en 1857 que la ligne de Laon à Reims (52 kil.), ouverte le 31 août pour les voyageurs et le 15 octobre seulement pour les marchandises.

Malgré diverses circonstances défavorables, les recettes, faibles d'abord, n'ont pas cessé de progresser d'une manière constante et régulière. Ainsi, si la recette de la première semaine de 1857 a été de.................... 5 656 05

La recette de la dernière semaine du mois de mars 1858 a été de..... 21 361 64

Si la recette totale, impôt déduit, des quatre derniers mois de 1857 n'a été que de..................... 183 741 72

Celle des trois premiers mois de 1858 est de.................... 227 741 30

Ce qui constitue, pour l'exercice courant, comparé à l'exercice écoulé, une augmentation de plus de 62 pour 100.

Les recettes moyennes, soit par semaine, soit par jour, soit enfin par kilomètre et par semaine, se sont élevées graduellement, sans jamais éprouver d'arrêt dans leur marche ascendante.

« Cette marche progressive nous fait espérer pour cette année 1858, dit le rapport du 3 avril 1858, que nous pouvions considérer comme la première de l'exploitation, une recette par kilomètre d'au moins 22 000 fr., résultat satisfaisant si l'on tient compte de la crise qu'éprouve l'industrie des chemins de fer, et, dans tous les cas, de nature à nous faire heureusement augurer du succès de notre entreprise.

« Cependant, dans les quatre derniers mois de 1857, ajoute le rapport, la dépense s'est élevée à 65 p. 100 des recettes, proportion considérable sans doute, mais qui s'explique par l'organisation d'un service nouveau, par le peu d'élévation des recettes et enfin par la faible longueur de la ligne à exploiter, qui exige néanmoins un personnel d'agents supérieurs aussi nombreux que si elle était plus longue. Nous estimons que, dans cette année, les dépenses ne dépasseront pas 50 pour 100 des recettes, les causes qui les ont élevées en 1857 disparaissant tous les jours. »

Les recettes s'étaient élevées à. 187 704 fr. 29 c.

Les dépenses à. 120 104   60

Il y avait donc un excédant de

recettes de. 67 599   69

SITUATION FINANCIÈRE EN 1857.

Au 31 décembre 1857, la situation financière de la compagnie des Ardennes était ainsi établie par le conseil d'administration :

ACTIF.

Frais antérieurs à la constitution de la Société.	574 293 fr	92 c.
Construction de la ligne. . . . . :	24 462 301	43
Administration centrale.	322 778	25
Valeurs diverses à recouvrer.	39 266 600	»
Versements à faire.	40 065 800	»
Intérêts sur actions.	522 820	50
Débiteurs divers.	2 333 515	41
Caisse et portefeuille.	1 697 524	41
Total.	69 979 033 fr.	92 c.

PASSIF.

Capital social : 126 000 actions de 500 fr.	63 000 000 fr.	» c.
Emprunt : 26 277 obligations 3 p. 100.	6 711 850	50
Compte d'intérêts : intérêts du cautionnement. — Placements de fonds. — Intérêts sur actions en retard.	150 101	78
Bénéfice net résultant de l'exploitation.	67 599	69
A reporter	69 929 551 fr.	97 c.

Report.	69 929 551 fr.	97 c.
Recettes diverses : recettes pour compte de la construction.	4 101	»
Créanciers divers.	45 380	95
Total.	69 979 033 fr.	92 c.

ÉTAT DES TRAVAUX.

Le rapport du conseil d'administration lu à l'assemblée générale des actionnaires du 30 avril 1858 contenait les renseignements suivants sur l'état des lignes en cours d'exécution, les études et les projets préparés pour les lignes récemment concédées.

Ligne de Laon à Reims. Cette ligne est prête à être livrée à l'exploitation. La deuxième voie est déjà posée sur une longueur de 22 kil.

Ligne de Reims à Charleville. Déjà, dans la partie de cette ligne qui est comprise entre Reims et Rethel, et dont la longueur est d'environ 40 kil., les travaux de la voie proprement dite sont terminées. — Une voie définitive est posée sur ballast, et, depuis le 30 mars 1858, elle est parcourue par les locomotives de l'entreprise, qui sont employées au parachèvement des ouvrages, et par les locomotives de la compagnie, qui servent à transporter, sur les emplacements des différentes gares, le matériel fixe, tel que plaques tournantes, grues, etc. — On travaille activement à la pose de ce matériel, ainsi qu'à l'aménagement des stations. — Ces travaux seront bientôt terminés ; avant la fin du mois de mai on pourra commencer l'exploitation de ces 40 kil. [1].

Dans la section de Rethel à Charleville, les travaux, plus considérables, ont offert sur quelques points de sérieuses difficultés. — De longues et profondes tranchées, ouvertes dans des terrains argileux et fournissant des terres de mauvaise qualité pour les remblais de la traversée d'un vallon entre Faux et Saulces-Montclin, ont exigé plus de temps que les ingénieurs ne l'avaient prévu. — Toutefois, ces difficultés sont aujourd'hui levées, et, d'après les quantités de travail qui s'effectuent chaque jour, on peut augurer qu'avant la fin du mois de juin 1858, il n'y aura plus, entre Rethel et Charleville, d'obstacle à la circulation des premiers trains d'essai. — Du reste, pendant qu'on travaille activement sur ce point, le seul en retard, on achève les ouvrages sur le restant de la section. —

1. L'ouverture de cette section a eu lieu au mois de juin.

Les terrassements sont à peu près terminés. La voie est posée et ballastée sur près de la moitié de sa longueur.

Embranchement de Charleville à Sedan. Sur cet embranchement, qui n'est que la tête de la ligne de Charleville à Thionville, les travaux sont à peu près dans la même situation que dans la partie qui précède. — Sur un seul point, la compagnie a été obligée de les suspendre, c'est aux abords de la ville de Sedan. — Tout lui fait espérer cependant une décision favorable aux propositions que, d'accord avec le conseil municipal de Sedan et les autorités du département des Ardennes, elle a soumises, dans le mois d'août dernier, à l'approbation ministérielle pour l'emplacement de la station de cette ville. — Si ses espérances se réalisent, elle pourra exploiter les 20 kil. qui séparent Charleville de Sedan dans le mois de septembre 1858.

Les lignes de Charleville à Givet, de Sedan à Thionville, de Longuyon à Longwy, de Reims à Soissons sont à l'étude.

L'assemblée générale du 26 avril 1858, a : 1° conformément à la proposition du Conseil d'administration, fixé à la somme de 75000 fr. l'allocation destinée au payement des jetons de présence des administrateurs et de la rémunération des administrateurs délégués; — 2° donné tout pouvoir au Conseil d'administration pour faire, aux époques, au taux et aux conditions qui lui paraîtront les plus avantageuses, une nouvelle émission d'obligations jusqu'à concurrence des 25 millions garantis par l'État, conformément à l'art. 6 de la convention entre son Excellence M. le ministre des Travaux publics et la Compagnie, en date du 16 mars 1857; 3° donné tout pouvoir au Conseil d'administration à l'effet de demander et d'accepter tout prolongement du chemin de fer, tout embranchement ou toute modification dans les concessions actuelles, qu'il jugerait utiles à la compagnie.

COMPAGNIE DES CHEMINS DE FER DES ARDENNES.

CONSEIL D'ADMINISTRATION.

MM. de Noailles (duc), ✻, président;—Seillière (baron), ✻, vice-président;—Ladoucette (baron), ✻; —Riché (J.);—de Chimay (prince);—Foy (comte); —Werle;—Demachy;—Bazin;—Galos;—Laing; — Devaux (Ch.); — Uzielli; — Reed.

COMITÉ DE DIRECTION.

MM. de Noailles, Seillière, Foy, Werlé, Galos. M. Ducos est le directeur de la construction et de l'exploitation.

————

Le siége de l'administration est à Paris, rue de Provence, 68.

Itinéraire de la France par A. JOANNE.
CHEMINS DE FER DE L'OUEST.
L. HACHETTE et Cie _ Paris.
ANGLETERRE
LONDRES
Salisbury
Dorchester
I. de Wight
MANCHE
Pas de Calais
PAS DE CALAIS
Boulogne
ABBEVILLE
Dieppe
Yvetot
le Havre
Cherbourg
Valognes
Bayeux
CAEN
I. de Jersey
MANCHE
OCÉAN
BREST
FINISTÈRE
QUIMPER
NAPOLÉONVILLE
MORBIHAN
Belle-Isle en Mer
CÔTES DU NORD
St-BRIEUC
DINAN
MAYENNE
MONTFORT
ANGERS
MAINE ET LOIRE
ORNE
EURE ET LOIR
CHARTRES
LOIRET
ORLÉANS
BLOIS
LOIR ET CHER
Kilomètres
Dressé par A. H. Dufour, sous la Direction d'Ad. Joanne.
Gravé par Primmat-Rousset.

LES CHEMINS DE FER DE L'OUEST.

LE RÉSEAU.

Un décret du 17 avril 1855 a approuvé la réunion en une seule compagnie des compagnies de Paris à Saint-Germain et embranchements, de Paris à Rouen, de Rouen au Havre, de Dieppe à Fécamp, de Paris à Caen et à Cherbourg, et de l'Ouest (ancienne), et concédé à cette Compagnie, appelée désormais *Compagnie des chemins de fer de l'Ouest*, de nouvelles lignes qui couvrent la Normandie et la Bretagne d'un réseau aboutissant à toutes les localités importantes de ces deux contrées.

Le réseau de la compagnie des chemins de fer de l'Ouest se trouve donc ainsi composé :

De Paris à Asnières..........................	6 kilom.
D'Asnières à Colombes......................	4
D'Asnières à Mantes........................	47
De Mantes à Sotteville......................	77
De Sotteville à Rouen (rive droite, 6 kil.; rive gauche, 3 kil.)...........................	9
D'Asnières à Argenteuil.....................	4
D'Asnières à Viroflay.......................	16
De Viroflay à Versailles (par les deux rives)..	5
De Colombes à Saint-Germain...............	11
De Batignolles à Auteuil....................	7
Embranchement des fêtes de Saint-Cloud....	1
De Paris à Viroflay (rive gauche)...........	15
De Viroflay à Chartres.	72
De Chartres au Mans.......................	124
Du Mans à Rennes par Laval et Vitré........	162
De Rennes à Brest..........................	250
De Mantes à Serquigny......................	92
De Serquigny à Lisieux	41
De Lisieux à Mézidon........................	25
De Mézidon à Caen.........................	24
De Caen à Valognes........................	100
De Valognes à Cherbourg...................	30
Embranchement de Saint-Fromont à Saint-Lô	18
De Serquigny à Trouville...................	57
De Lisieux à Honfleur par Pont-l'Évêque.....	42
De Rouen à Malaunay.......................	9
De Malaunay à Beuzeville	53
De Beuzeville au Havre.....................	26
A Reporter......	1327 kilom.

Report........	1327 kilom.
De Malaunay à Dieppe.....................	50
De Beuzeville à Fécamp.................. ...	18
D'Angers à Alençon par le Mans..	152
D'Alençon à Mézidon par Argentan.........	86
De Rennes à Saint-Malo , par Redon........	146
Total........	1779 kilom.

CONCESSIONS ÉVENTUELLES.

D'Argenton à Granville........	133 kilom.	292
De Saint-Cyr à Surdon........	159	
Total général.......		2071 kilom.

L'exploitation a lieu actuellement sur.	950 kilom.
Les travaux sont en cours d'exécution sur........................	258
Il reste à construire (non compris les concessions éventuelles)........	571
Total.	1779 kilom.

La durée des concessions est fixée à 99 ans, courant du 1er janvier 1858.

La compagnie nouvelle a pris l'engagement d'exécuter à ses frais, risques et périls, ces chemins, embranchements et prolongements, et de les avoir terminés et mis en exploitation dans les délais ci-après fixés :

5 ans pour l'embranchement de Lizieux à Honfleur; la section de Lizieux à Pont-l'Évêque devant être toutefois exécutée le 1er juillet 1857 ;

6 ans pour l'embranchement dirigé sur la ligne de Mézidon au Mans, pour le prolongement de Rennes à Brest, et pour l'embranchement de Serquigny sur Rouen ;

8 ans pour l'embranchement de Rennes à Saint-Malo ;

9 ans pour le surplus des lignes concédées. Le tout à dater de la loi ratifiant les engagements pris au nom du Trésor, sauf pour l'embranchement sur la ligne de Mézidon au Mans, et pour le chemin de fer d'Argentan à Granville, dont les délais d'exécution ne commenceront à courir qu'à partir de l'époque où les localités intéressées auront régulièrement voté des subventions s'élevant à 2 millions pour le premier et 4 millions pour le second.

L'État jouit d'une faculté de rachat qui ne peut s'exercer que sur l'ensemble des concessions et à partir du 1er janvier 1874.

L'État et les localités situées sur le parcours des différentes sections du réseau fournissent à la compagnie des subventions dont l'ensemble s'élève à la somme de 90 635 000 fr. La direction des postes lui paye annuellement, du 1er janvier 1855 au 1er janvier 1865, une redevance de 327 000 fr.

Enfin l'État garantit, pendant 50 ans, un minimum de 4 et de 3 1/2 pour 100 sur un capital total de 509 370 000 fr., soit :

3 1/2 pour 100 du capital de 150 millions ou une annuité de 5 250 000 fr.

4 pour 100 d'un emprunt pour l'exécution des chemins concédés avant la fusion, ou sur un capital de 203 370 000 fr., une annuité de 8 134 800 fr.

4 pour 100 d'un emprunt à contracter pour l'exécution des lignes nouvelles, ou sur un capital de 156 millions, une annuité de 6 240 000 fr.

L'annuité totale, indépendante des subventions, s'élève donc à 19 624 090 fr.

La compagnie n'est assujettie à aucun partage avec l'État, à aucune redevance.

Les Assemblées générales des actionnaires des compagnies de Paris à Saint-Germain, de Paris à Rouen, de l'Ouest, de Rouen au Havre, de Paris à Caen et à Cherbourg, ayant ratifié le traité de fusion dans leurs réunions des 1er mars, 3 mars, 5 mars, 31 mars et 4 mai 1855;

La cession du chemin de fer de Dieppe et de Fécamp, faite à la fusion, par le traité du 30 janvier 1855, ayant été ratifiée par l'Assemblée générale des actionnaires de ce chemin, le 2 avril 1855;

Et enfin un décret impérial du 16 juin 1855 ayant approuvé les statuts de la nouvelle Société et autorisé sa conversion en Société anonyme, sous la dénomination de *Compagnie des chemins de fer de l'Ouest*, au capital de 150 millions, divisé en 310 actions de 500 fr. chacune :

La Compagnie procéda : 1° le 20 juillet 1855, à l'échange des actions des compagnies fusionnées, de la manière suivante :

Pour 12 actions du chemin de fer de Rouen, 19 actions nouvelles;

Pour 7 actions du chemin de fer de Rouen au Havre, 6 actions nouvelles;

Pour 7 actions du chemin de fer de Paris à Caen et à Cherbourg, 6 actions nouvelles;

Pour 2 actions de Saint-Germain, 1 action nouvelle, avec droit ultérieur à une obligation de 1000 fr., rapportant 50 fr. d'intérêts, et remboursable à 1250 fr.

2° Le 27 août suivant, à la délivrance des obligations nouvelles de 500 fr., remboursables au pair, à partir du 1er juillet 1858, productives d'un intérêt annuel de 15 fr., payable par semestre, au 1er janvier et au 1er juillet de chaque année, et dont l'intérêt à 4 pour 100 est garanti par l'État pendant 50 ans.

La compagnie de l'Ouest a successivement livré à l'exploitation les sections suivantes :

Paris au Pecq......................	26 août 1837;
Asnières à Versailles......	2 août 1839;
Paris à Versailles (rive gauche)...	10 septembre 1840;
Paris à Rouen....................	9 mai 1843;
Rouen au Havre (demi-traversée).	22 mars 1847;
Vésinet à Saint-Germain.........	14 avril 1847;
Malaunay à Dieppe..............	1er août 1848;
Versailles à Chartres........... .	12 juillet 1849;
Asnières à Argenteuil............	28 avril 1851;
Raccordement de Viroflay........	20 juillet 1852;
Chartres à la Loupe	7 septembre 1852;
La Loupe à Nogent-le-Rotrou.....	16 février 1854;
Batignolles à Auteuil............	2 mai 1854;
Nogent-le-Rotrou au Mans.......	1er juin 1854;
Mantes à Lisieux....	1er juillet 1855;
Mans à Laval	14 août 1855;
Lisieux à Caen..................	29 décembre 1855;
Beuzeville à Fécamp.............	25 février 1856;
Mans à Alençon.................	15 mars 1856;
Laval à Rennes.................	1er mai 1857;
Argentan à Alençon.............	1er février 1858;
Lizieux à Pont-l'Évêque..........	juillet 1858.
Caen à Cherbourg..............	4 août 1857.

SITUATION FINANCIÈRE EN 1857.

Le capital social actuel de la compagnie se compose :

1° Du fonds social (actions de 500 fr.).	150 000 000 fr.	0 c.
2° Du capital des subventions (reçues ou compensées). 27 908 536 fr. 91 c.		
A recevoir 43 341 463 09	71 250 000	0
3° Du capital des obligations..	281 809 702	0
Total..........	503 059 702 fr.	0 c.

Sur ces 503 059 702 fr., la Compagnie avait dépensé, au 31 décembre 1857, 446 781 615 fr. 17 c.

L'excédant du capital sur les dépenses était donc de 56 278 086 fr. 83 c.

EXPLOITATION DE 1857.

Pendant l'exercice de 1857, les dépenses, ont été de 28 689 345 fr. 08 cent., ainsi répartis :

DÉPENSES DE L'EXPLOITATION.

Administration centrale, frais généraux.	405 456 fr.	11 c.
Exploitation. { Personnel.............	4 448 329	67
{ Frais généraux..........	1 587 866	07
Entretien et surveillance de la ligne...	3 144 969	61
Traction, entretien du matériel roulant.	7 741 900	59
Dépenses générales.................	290 279	47
	17 618 801 fr.	52 c.

CHARGES DE L'EXPLOITATION.

Services des emprunts..............	10 315 652	»
Frais divers (timbre, contributions, caisse de prévoyance, etc.)...........	754 893	56
	28 689 345 fr.	08 c.

Pendant le même exercice, les recettes se sont élevées, impôt du 10ᵉ déduit, à 41 998 981 fr. 34 c.

Mais il faut déduire de ces 41 998 981 fr. 34 c.

Pour subvention et services d'omnibus, de correspondances, de factage, de camionnage, etc........	1 563 484 17
Pour détaxes et indemnités................	427 180 56
	1 990 664 73

Ce qui donne un total net de recettes de 40 008 316 fr. 61 c.

Restait donc en faveur des recettes une différence de 11 318 971 fr. 53 c. entre les dépenses et les recettes.

Cette somme a été employée ainsi :

Intérêts à 3 1/2 pour 100, soit 17 fr. 50 c. par action payés le 1ᵉʳ octobre 1857..........	5 250 000 00
Dividende de 20 fr. par action..............	6 000 000 00
Solde des bénéfices à reporter sur l'exercice 1858....................................	68 971 53
Total des bénéfices de l'exploitation.....	11 318 971 53

Le revenu de chaque action, pour 1857, a été, comme on vient de le voir, de 37 fr. 50 c.

Le chiffre des recettes qui s'est élevé à 41 998 981 fr. 34 cent. se distribue et se décompose comme il suit entre les diverses lignes du réseau :

NATURE des recettes.	LIGNES de banlieue. 69 kil.	LIGNES DE NORMANDIE.		LIGNE de Paris à Rennes. 374 kil.	EMBRANCHEMENT de Mezidon. 52 kil.	TOTAL.
		Rouen, Havre, Dieppe, Fécamp. 298 kil.	Caen. 180 kil.			
Grande vitesse.	fr. c.	fr. c.	fr. c.	fr. c.	fr. c.	fr. c.
Voyageurs...............	6 041 601 »	9 241 952 97	2 447 180 30	5 000 663 81	294 685 05	23 026 083 13
Bagages, chiens..........	41 222 25	307 213 75	77 387 05	132 337 15	7 882 70	566 042 90
Marchandises	75 537 70	1 218 432 50	245 367 80	447 052 11	13 694 60	2 000 084 71
Voitures et animaux.......	657 80	60 766 20	55 890 25	53 658 45	2 245 »	173 217 70
Subvention de la poste....	»	327 000 »	»	»	»	327 000 »
Total.......	6 159 018 75	11 155 365 42	2 825 825 40	5 633 711 52	318 507 35	26 092 428 44
Petite vitesse.						
Marchandises	5 291 65	9 756 306 95	2 154 729 65	4 535 473 05	140 404 98	16 592 206 28
Voitures et animaux	»	267 006 25	385 712 »	883 613 95	59 330 40	1 595 662 60
Chemin de fer de ceinture..	»	177 101 65	»	»	»	177 101 65
Total.......	5 291 65	10 200 414 85	2 540 441 65	5 419 087 »	199 735 38	18 364 970 53
Total général......	6 164 310 40	21 355 780 27	5 366 267 05	11 052 798 52	518 242 75	44 457 398 97
Impôt du 10ᵉ à déduire....	»	»	»	»	»	2 751 401 32
Total de la recette nette.	»	»	»	»	»	41 705 997 75

Le trafic de 1857 présente, sur celui de 1856, une augmentation de 2 559 805 fr. 56 c., impôt du dixième déduit ; mais l'ensemble des recettes, par suite de l'accroissement de 334 000 fr. dans les dépenses d'ordre et de la diminution de 514 348 fr. 29 c. sur les intérêts des fonds disponibles, se solde seulement par 1 652 328 fr. 86 c. d'augmentation.

Le rapport du Conseil d'administration contient les détails statistiques suivants sur le trafic :

LIGNES.	NOMBRE des voyageurs.			TOTAL.	PARCOURS total.	PARCOURS MOYEN par voyageur.	PRODUIT total.	PRODUIT MOYEN par voyageur.	RAPPORT POUR CENT, PAR CLASSE,					
									du nombre.			du produit.		
	1re classe.	2e classe.	3e classe.						1re	2e	3e	1re	2e	3e
					kil.	kil	fr. c.	f. c.				fr. c.	fr. c.	fr. c.
Banlieue.........	1 546 567	7 694 147	»	9 240 714	104 551 949	11,3	5 144 209 80	0 56	16 73	83 27	»	25 20	74 80	»
Rouen, Havre... Dieppe, Fécamp..	256 428	566 840	1 215 849	2 039 117	119 847 710	58,7	8 164 787 15	4 »	12 57	27 79	59 64	28 03	34 15	37 82
Caen, Cherbourg.	53 333	148 577	348 564	550 474	35 211 135	63,9	2 166 810 05	3 94	9 68	26 99	63 33	23 79	34 84	41 37
Rennes.........	85 747	306 072	743 899	1 135 718	74 922 159	65,9	4 427 704 20	3 90	7 55	26 94	65 51	17 52	39 34	43 14
Embranchement de Mézidon....	6 631	28 340	107 576	142 547	5 032 835	35,3	260 925 40	1 83	4 65	19 88	75 47	9 40	29 97	60 63
Totaux.....	1 948 706	9 743 976	2 415 888	13 108 560	339 575 788		20 164 436 60							

Les gares qui ont fourni le plus de voyageurs (sur les grandes lignes seulement) sont celles de :

POUR LA BANLIEUE.

Paris (Saint-Lazare)...............	3 203 948	voyageurs
Paris (Montparnasse).	650 836	—
Versailles (rive droite).............	557 905	—
Id. (rive gauche).............	336 426	—
Auteuil...............................	523 713	—
Saint-Germain......................	408 386	—
Asnières.............................	345 458	—
Avenue de l'Impératrice............	287 326	—
Porte-Maillot.......................	281 694	—
Passy...............................	268 594	—
Rueil	249 425	—
Saint-Cloud........................	239 075	—
Batignolles........................	220 258	—
Courcelles.........................	208 102	—
Argenteuil.........................	185 108	—
Bellevue...........................	168 151	—
Suresnes...........................	171 882	—
Ville-d'Avray......................	157 613	—
Courbevoie.........................	148 301	—
Clamart............................	144 063	—
Meudon...	111 566	—
Chatou.............................	110 463	—
Nanterre...........................	64 293	—

POUR LES GRANDES LIGNES.

Paris....................	722 620	voyageurs.
Rouen....................	350 469	—
Le Havre.................	135 304	—

Le Mans..................	123 806	voyageurs
Chartres.................	100 023	—
Caen....................	90 278	—
Poissy....	82 173	—
Dieppe..................	70 908	—
Maisons.................	68 028	—
Laval...................	57 874	—
Évreux..................	56 156	—
Lisieux.................	53 925	—
Versailles..............	53 799	—
Yvetot.................	51 382	—
Rambouillet.............	51 037	—
Meulan	45 568	—
Bernay..................	44 096	—
Alençon.................	42 510	—
Tourville...............	42 176	—
Rennes.................	40 452	—

Le transport des marchandises fournit les chiffres ci-après :

	POIDS des marchandises.	PARCOURS total.	PRODUIT total (impôt et magasinage non compris).
	tonnes.	kil.	fr. c.
Grande vitesse.	46 418	4 257 238	1 798 024 21
Petite vitesse..	1 755 724	208 961 556	16 518 403 83
Total....	1 802 142	213 236 794	18 316 428 04

Le tonnage des marchandises transportées à petite vitesse est réparti comme il suit :

			Proportions pour 100.
Bois	70 587	7	4 80
Boissons	47 181	5	3 20
Céréales	236 039	»	16
Charbons et coke	162 762	7	11 05
Corps gras	30 361	9	2 05
Couleurs et vernis	7 077	»	50
Cuirs	9 593	»	65
Déchets et chiffons	10 074	8	70
Denrées alimentaires	114 690	4	7 80
Denrées coloniales	45 082	»	3 05
Droguerie	5 085	6	35
Écorces et tan	5 835	7	40
Engrais	33 111	2	2 25
Fourrages	6 981	1	50
Matériaux de construction	166 718	8	11 30
Matières textiles, tissus	141 752	6	9 60
Métaux	148 496	4	10 10
Papiers	9 282	9	65
Porcelaines, verreries fines	3 443	2	25
Poteries, verreries communes	9 189	4	60
Produits chimiques	8 392	8	55
Sel marin, nitrates, soufre	15 575	9	1 05
Tabacs	10 787	2	75
Produits divers	76 230	9	5 15
Transports de la Compagnie	98 639	3	6 70
Total	1 472 937		100

Au 31 décembre 1857, le matériel roulant se composait de :

321 machines locomotives;
1267 voitures à voyageurs, dont 349 de 1re classe, 24 mixtes, 610 de 2e classe, 284 de 3e classe;
344 wagons divers;
4411 — à marchandises;
268 — de terrassement.

6611 machines ou voitures, qui ont effectué, en 1857, un parcours total de 106 269 218 kilom.

ÉTAT DES TRAVAUX.

Ligne de Rennes à Brest. — A la fin de 1856, deux projets généraux, comprenant ensemble le tracé entre Rennes et Moncontour, sur une longueur de 84 kilom., étaient approuvés par l'administration supérieure. Le premier s'étendait depuis la gare de Rennes jusqu'au département des Côtes-du-Nord, sur 45 kilom.; le second, depuis ce dernier point jusque près de Moncontour, sur 39 kilom. — Les travaux ont été entrepris, en 1857, sur toute l'étendue de la première section.

Sur la seconde section, les travaux avaient déjà reçu un commencement d'exécution, lorsque des demandes de modifications de tracé ont forcé la Compagnie à les suspendre et à préparer des variantes pour lesquelles il n'est point encore intervenu de décision.

Au delà de Moncontour, les avant-projets avaient été rédigés jusqu'à Brest; mais les questions de tracé qui ont été soulevées par les villes du littoral n'ont permis à la Compagnie de présenter comme définitifs que les projets partiels sur lesquels il ne pouvait y avoir de divergences d'opinions.

Le conseil des ponts et chaussées a repoussé à l'unanimité le tracé par l'intérieur, et s'est prononcé en faveur du tracé par le littoral, c'est-à-dire par Saint-Brieuc, Guingamp et Morlaix.

Ligne de Rennes à Redon. — En 1856, M. le ministre des travaux publics avait demandé l'étude d'une variante du tracé entre le trentième et le soixante-deuxième kilomètre, dans le but de raccourcir le parcours de 10 kilom. — Cette variante, qui suit le cours de la Vilaine, et traverse un sol difficile, exigerait la construction de deux viaducs sur cette rivière et d'un souterrain de 600 mèt., et entraînerait une augmentation de dépenses assez considérable. — A ce sujet, les études se poursuivent, et sur les autres parties de la ligne, les travaux sont en cours d'exécution.

Ligne de Rennes à Saint-Malo. — La Compagnie, a complété, en 1857, les études de la ligne entière. — Le projet de la première section, comprise entre Rennes et Combourg, avait été présenté à M. le ministre des travaux publics vers la fin de l'année 1856; la Compagnie lui a soumis, dans le courant de 1857, le projet de la seconde section, de Combourg à Saint-Malo, en y joignant l'étude d'un avant-projet pour relier la gare au bassin à flot.

Section de Pont-L'Évêque à Honfleur. — Sur la section de Pont-l'Évêque à Honfleur, la Compagnie a poursuivi l'acquisition des terrains; mais les prétentions exorbitantes qu'elle a rencontrées l'ont souvent forcée d'attendre les décisions du jury et n'ont pas peu contribué à l'ajournement de ses travaux. — Cependant elle a dû commencer le souterrain de Saint-André-d'Hébertot, dont la longueur est de 3000 mèt., et qui forme l'ouvrage le plus considérable de cette ligne. Au 31 décembre 1857, le percement des galeries atteignait déjà 2560 mèt.

Ligne du Mans à Mézidon. — La ligne du Mans à Mézidon se divise naturellement en trois parties : la première, du Mans à Alençon ; la seconde, d'Alençon à Argentan ; la troisième, d'Argentan à Mézidon. — La première partie a été ouverte en 1856. — La seconde, achevée en 1857, a été livrée à la circulation le 1er février 1858. — Dans la troisième partie, d'Argentan à Mézidon, les travaux d'art et les terrassements sont achevés sur plus de la moitié du tracé approuvé antérieurement à 1857 ; mais, dans la partie de la ligne qui se rapproche de Falaise, ils ont éprouvé un notable ralentissement par suite du retard qu'ont apporté, dans l'approbation du tracé, les divergences qui se sont élevées entre l'administration supérieure et la Compagnie, au sujet des moyens à employer pour desservir cette ville.

Ligne de Serquigny à Rouen. — En 1857, la Compagnie avait adressé à M. le ministre des travaux publics, sur sa demande, deux projets de tracé comparatifs de cette ligne. — L'un se dirigeait par le Roumois, l'autre devait traverser la plaine de Neubourg. — Le Conseil général des ponts et chaussées ayant émis un avis favorable à la première de ces directions, des études ont dû être faites en conséquence. — Suivant le tracé indiqué, la ligne se dirigeait de Serquigny vers Brionne, Montfort-sur-Risle, et Thuit-Hébert (Bourgtherould) et le vallon d'Orival. — L'arrivée à Elbeuf et le raccordement de la ligne avec celle de Rouen ont nécessité, pour cette partie, de nouvelles études ; les avant-projets ne sont pas encore terminés.

Ligne du Mans à Angers. — Le tracé général par Sablé a été approuvé par M. le ministre des travaux publics le 27 mai 1857, conformément au résultat des enquêtes et aux propositions de la Compagnie ; mais il n'a pas encore été statué sur le projet définitif présenté pour la première partie de la ligne comprise entre le Mans et Sablé, sur 55 kilom. Dès que cette première partie aura reçu l'approbation ministérielle, la Compagnie présentera le projet de la deuxième section, qui s'étend jusqu'à Angers, sur une longueur de 42 kilom.

Embranchement sur la ligne de Mézidon au Mans, et ligne d'Argentan à Granville. — Aux termes de l'article 5 du cahier des charges de la Compagnie, l'exécution de l'embranchement aboutissant à la ligne de Mézidon au Mans, et du chemin de fer d'Argentan à Granville, ne devient obligatoire que dans le cas où les localités auront voté des subventions s'élèvant à 2 000 000 de fr. pour l'embranchement sur la ligne de Mézidon, et à 4 000 000 pour le chemin d'Argentan à Granville. — Les études de la ligne de Saint-Cyr à la ligne de Mézidon, qui, en 1856, avaient été faites sur 63 kilom., ont été complétées en 1857 et ont été présentées à l'administration supérieure. — Les localités ont voté les subventions nécessaires pour cette ligne ; mais elles ont demandé en même temps un second embranchement de Conches à l'Aigle, et leur vote n'est pas encore régularisé.

Ligne de Fécamp. — Les travaux de la traversée de la ville de Fécamp, entrepris au commencement de 1857, sont terminés, et les rails sont posés jusqu'au port.

CONVENTIONS AVEC L'ÉTAT ET AVEC LA COMPAGNIE DU NORD.

En 1856, la Compagnie de l'Ouest avait demandé l'établissement d'une nouvelle ligne à droite de son réseau, dans la partie comprise entre le chemin de Rouen et le chemin du Nord. D'autre part, le gouvernement avait jugé indispensable d'établir une ligne de jonction entre les chemins du Nord et les lignes de Normandie. Par suite de diverses considérations, la Compagnie de l'Ouest a signé la convention suivante :

« Il sera construit, par les Compagnies du Nord et de l'Ouest, un chemin de fer se détachant de la ligne d'Asnières à Argenteuil, en un point qui sera déterminé par le Gouvernement, pour se rattacher, par une double courbe de raccordement, au chemin du Nord, près de la station d'Ermont. Une nouvelle station d'Argenteuil sera établie sur la rive droite de la Seine.

« La ligne d'Ermont à la nouvelle station d'Argenteuil sera construite par la Compagnie du Nord, et la partie de la ligne à construire, entre ladite station et le chemin de fer de Paris à Argenteuil, sera exécutée par la Compagnie de l'Ouest ; toutefois, la dépense totale de l'ensemble des travaux, y compris le double raccordement sur la ligne du Nord et la nouvelle station d'Argenteuil, sera répartie entre les deux Compagnies proportionnellement à la longueur construite par chacune d'elles.

« Les prix de péage, dont les deux Compagnies auront à se tenir compte, pour le transport en transit sur la partie de la ligne du Nord, comprise entre Argenteuil et Pontoise, et sur la partie de la ligne de Rouen au Havre ou à Dieppe, comprise entre les points de raccordement avec la ligne de Rouen à Amiens, déterminés par le Ministre, seront fixés, tant pour les voyageurs que pour les marchandises, aux six dixièmes des taxes qui seront réellement perçues par kilomètre, déduction faite de l'impôt dû à l'État.

« Toutefois, si la ligne d'Amiens à Rouen aboutit à la gare de Saint-Sever, la Compagnie de l'Ouest renoncera à tout péage entre la gare de la rue Verte et la gare Saint-Sever. »

« Ce traité est fait, disait le rapport du Conseil d'Administration, en vue d'une convention que nous avons passée avec M. le Ministre des travaux publics, et qui règle cette double concession des chemins de Gisors et du chemin d'Amiens à Rouen. »

COMPAGNIE DES CHEMINS DE FER DE L'OUEST.

CONSEIL D'ADMINISTRATION.

MM. le comte de Chasseloup-Laubat, O. &, président; Benoît d'Azy (baron Paul), &; Blount (Edw.), &; Chaplin (W.); Dailly (Alfr.); Duchâtel (Vic. Napoléon), &; Gervais (Alexis); Jubelin (J.G.), G. O. &; de Kersaint (comte), &; Lafitte (Charles), &; Henri de l'Espée : de Noailles (duc de); Pereire (Émile), O. &; Rivet (Charles), &; Rodrigues (Ed.), &; Simons, &; Édouard Delessert; de Lapeyrière, &, directeur de la Compagnie.

ADMINISTRATION.

MM. Coindard, chef du secrétariat; Chéreau, chef de la comptabilité générale; Gautier, chef du contentieux.

EXPLOITATION.

MM. Chollat (Félix), &, chef de l'exploitation; Férot, chef du mouvement général; Marcillet, chef du trafic; de Thomassin, chef du contrôle.

TRAVAUX ET SURVEILLANCE.

MM. Poirée (Jules), &, ingénieur en chef; Clerc, chef du service, de l'entretien et de la voie.

MATÉRIEL ET TRACTION.

M. Mayer (E.), ingénieur, chef du service du matériel et de la traction.

Le siége de la Société, à Paris, rue Saint-Lazare, 121.

LE CHEMIN DE FER D'ORLÉANS.

LE RÉSEAU.

Les premières études d'un chemin de fer de Paris à Orléans datent de 1830, mais ce fut seulement le 26 mai 1838 que le ministre des travaux publics concéda la ligne de Paris à Orléans, avec l'embranchement de Corbeil, pour soixante et dix ans, à M. Casimir Lecomte, qui s'offrait à l'exécuter à ses frais, pertes et risques, sans subvention. Le 16 juin suivant, la Chambre des députés adoptait à la majorité de 207 voix contre 29 le projet de loi présenté par le ministre des travaux publics et amendé par une commission. Mais, à l'embranchement de Corbeil, elle ajoutait deux nouveaux embranchements obligatoires, l'un sur Pithiviers, l'autre sur Arpajon.

La compagnie Lecomte, constituée au capital de 40 millions, se mit aussitôt à l'œuvre. Dès les premières études de ses ingénieurs, avant même que les travaux fussent entrepris, elle s'était assurée que les devis présentés par les ingénieurs de l'État devaient être plus que doublés. Cette première déception fut suivie de beaucoup d'autres. Les capitaux anglais, effrayés de tant de dépenses imprévues, se retirèrent; les capitaux français s'alarmèrent à leur tour; dès le 23 décembre 1838, la compagnie concessionnaire crut devoir demander au gouvernement d'importantes modifications à son cahier des charges; elle obtint le droit de pouvoir *renoncer* jusqu'au 1er janvier 1841 à la concession pour toute la partie du chemin au delà de Juvisy, tout en restant tenue de terminer l'embranchement sur Corbeil. Ces premières concessions ne donnèrent pas aux capitaux l'assurance et l'esprit qui leur manquaient.

Le deuxième versement qui devait être fait à la Compagnie d'Orléans se montait à 4 millions; il ne produisit que 584 000 fr. Pour relever le crédit abattu de cette Compagnie, dont les ressources n'étaient pas du reste épuisées, l'État, après

de longues discussions parlementaires inutiles à rappeler ici, lui garantit, par la loi du 15 juillet 1840, un minimum d'intérêt de 4 pour 100 sur 40 millions pendant 46 ans et 324 jours, à dater du jour où le chemin de fer serait terminé et livré à la circulation dans toute son étendue, à la charge par la Compagnie d'employer annuellement 1 pour 100 à l'amortissement de son capital. La même loi, qui modifiait, en outre, sur des points secondaires, la loi de concession, supprimait les embranchements onéreux d'Arpajon et de Pithiviers, et prolongeait à 99 ans le délai de la concession. Mais la garantie par l'État d'un minimum d'intérêt — garantie qui fut toujours nominale — suffit aux capitaux. Aussi, lors de l'inauguration de la ligne d'Orléans, M. Bartholony, président du conseil d'administration, terminait ainsi son remarquable discours : « Grâce à l'établissement des chemins de fer d'Orléans et de Rouen, qui seront les premiers anneaux de la chaîne qui doit unir les deux mers, l'esprit d'association n'hésitera plus à entrer résolûment dans cette carrière féconde des entreprises d'utilité publique que nous avons eu l'honneur d'ouvrir un des premiers; et l'industrie française, se développant rapidement, va rapprocher tous nos intérêts, concentrer toutes nos forces, décupler toutes nos richesses et augmenter la puissance de la nation. »

M. Jullien, l'ingénieur en chef de la Compagnie, avait été secondé par MM. Delerue, Thoyot et Mourlhon, ingénieurs des ponts et chaussées : la construction du chemin était généralement regardée comme une œuvre d'une solidité romaine, comme un admirable monument de l'industrie française. Cependant ces magnifiques travaux, qui excitaient l'admiration universelle, plus encore par leur nouveauté que par leur mérite réel, avaient coûté 59 801 293 fr. 45 c. Le fonds social n'étant que

CHEMIN DE FER D'ORLÉANS ET SES PROLONGEMENTS.

de 40 millions, la Compagnie d'Orléans dut donc recourir, pour combler le déficit, à deux emprunts de 10 millions. Malgré cette charge nouvelle, les actions augmentèrent constamment de valeur, car les recettes s'élevaient chaque semaine dans une proportion imprévue, et les dividendes suivaient la même progression. Chaque actionnaire, qui avait touché 32 fr. en 1843, 39 fr. 25 c. en 1844, 47 fr. 30 c. en 1845, toucha 61 fr. en 1846 et 62 fr. 70 c. en 1847. Les actions montèrent jusqu'à 1 200 fr. après être restées longtemps au-dessous du pair, c'est-à-dire au-dessous de 500 fr., dans le début de l'entreprise.

La révolution de février vint arrêter pour un moment la progression jusqu'alors croissante des recettes. De 62 fr. 70 c. le dividende s'abaissa à 42 fr. 80 c.; il se releva en 1849 à 57 fr., et en 1851 il était de 63 fr. 50 c., c'est-à-dire plus satisfaisant qu'il ne l'avait jamais été. Au plus fort de cette crise passagère, les actions tombèrent une fois encore au-dessous du pair, mais elles ne tardèrent pas à regagner tout ce qu'elles avaient perdu. En 1854, chaque actionnaire toucha 69 fr.

Telle était la situation de la Compagnie d'Orléans, lorsque le 27 mars 1852 parut dans le *Moniteur* un décret qui approuvait les traités relatifs à la fusion des quatre compagnies *d'Orléans*, du *Centre*, *d'Orléans à Bordeaux* et de *Tours à Nantes*.

Il serait inutile de raconter ici l'histoire des trois compagnies qui *fusionnaient* avec la Compagnie d'Orléans, et dont les chemins avaient été construits d'après le système d'exécution mixte qu'avait consacré la loi du 11 juin 1842. Leur existence, très-courte d'ailleurs — elles dataient de 1844 à 1845 — n'a rien offert de particulièrement intéressant. Il suffira donc de rappeler quelques chiffres.

La *Compagnie du Centre* reçut pour deux de ses actions une action entièrement libérée d'Orléans, soit 33 000 pour 66 000 ; — la *Compagnie d'Orléans à Bordeaux* en reçut une pour trois libérées de 275 fr., soit 43 334 pour 130 000 ; — la *Compagnie de Tours à Nantes* en reçut une pour quatre libérées de 425 fr., soit 20 000 pour 80 000. En ajoutant à ces 96 334 actions représentant, au capital nominal de 500 fr., une valeur de 48 167 000 fr.,

les 80 000 actions primitives d'Orléans, soit 40 000 000 fr., la nouvelle compagnie, qui avait remplacé toutes les actions primitives par des titres nouveaux et qui avait conservé le nom de *Compagnie d'Orléans*, mais qui devrait s'appeler la *Compagnie du Centre*, possédait donc 176 334 actions, représentant un capital de 88 167 000 fr.

L'assemblée générale des quatre compagnies fusionnées décida, dans sa réunion du 25 mai 1852, que le fonds social serait égal au montant des sommes réellement versées par les actionnaires des quatre lignes, soit environ 142 millions. En conséquence elle porta à 282 134 le nombre des actions, et, pour avoir le nombre rond de 300 000 actions, elle autorisa la création de 17 866 actions nouvelles de 500 fr., qui furent émises avec une prime de 200 fr. Le capital social de la Compagnie d'Orléans est donc aujourd'hui de 150 millions.

Mais si la Compagnie d'Orléans avait obtenu de l'État divers avantages, et surtout la prorogation à 99 ans des concessions faites aux chemins du Centre, d'Orléans à Bordeaux, et de Tours à Nantes, concessions qui n'étaient que de 39 ans 11 mois, de 50 ans, et de 34 ans 15 jours, elle s'était engagée à construire quatre prolongements importants : les trois premiers dans les conditions de la loi de 1842, le quatrième à ses frais, risques et périls, avec 4 millions de subventions locales.

1° De Châteauroux à Limoges .... 135 kilom.
2° Du Bec d'Allier à Clermont 155
3° De Saint-Germain-des-Fossés à Roanne. 66
4° De Poitiers à la Rochelle et à Rochefort. 156

En outre il restait d'importants travaux à terminer. Pour subvenir à toutes ces dépenses, les assemblées générales de 1852 et de 1853 autorisèrent de nouveaux emprunts supplémentaires montant à 145 millions.

Par un décret du 13 août 1853, la Compagnie d'Orléans obtint deux nouvelles concessions de 153 kilomètres :

1° De Tours au Mans .... 93 kilom.
2° De Nantes à Saint-Nazaire 60

En 1855, elle a obtenu la concession d'un chemin de fer de Nantes à Châteaulin par Lorient et Quimper, avec embranchement sur Napoléonville.

En 1857, les lignes de Montluçon à Moulins, de

Limoges à Agen, de Coutras à Périgueux, de Montauban à la rivière du Lot, avec embranchement sur Marcillac et Rodez, d'Arvant à la rivière du Lot, de Périgueux à Montauban, faisant partie des lignes du Grand-Central, ont été incorporées aux concessions de la Compagnie d'Orléans. A la même époque, cette Compagnie a acheté la ligne de Paris à Sceaux et à Orsay, qui doit, dit-on, être prolongée jusqu'à Tours. Enfin, elle a obtenu diverses concessions définitives ou éventuelles qui seront énumérées ci-dessous.

Le réseau actuel de la Compagnie d'Orléans est donc ainsi composé :

§ 1. *Concessions définitives.*

		kilom.
1°	De Paris à Orléans...........................	121
2°	D'Orléans à Tours............................	113
3°	De Tours à Bordeaux par Poitiers..............	344
4°	De Poitiers à La Rochelle par Niort...........	141
5°	De Poitiers à Rochefort, déduction faite du tronc commun de La Rochelle.	15
6°	De Tours à Nantes avec prolongement sur Saint-Nazaire.............	257
7°	D'Orléans à Vierzon..........................	79
8°	De Vierzon à Nevers..........................	102
9°	De Vierzon à Limoges par Châteauroux.........	200
10°	De Tours au Mans............................	94
11°	De Nantes à Châteaulin, avec un embranchement sur Napoléonville, déduction faite, jusqu'à Savenay, du tronc commun de Saint-Nazaire :	
	De Savenay à Redon......	50
	De Redon à Châteaulin........................	199
	D'Auray à Napoléonville	36
12°	De Montluçon à Moulins.....	85
13°	De Limoges à Agen	236
14°	De Coutras à Périgueux.......................	76
15°	De Montauban à la rivière du Lot.	130
	Embranchement sur Marcillac.................	48
	Prolongement sur Rodez...	25
16°	D'Arvant (près de Lempdes) à la rivière du Lot :	
	D'Arvant à Massiac................... 20	186
	De Massiac au Lot..................... 166	
17°	De Périgueux à la Chapelle, sur la ligne de Clermont-Ferrand à Montauban :	
	De Périgueux à Brives................ 74	147
	De Brives à la Chapelle............... 73	
18°	De Paris à Sceaux et à Orsay..	25
19°	De Paris à Tours, par ou près Châteaudun et Vendôme.......................................	205
20°	De Nantes à Napoléon-Vendée.................	67
21°	De Bourges à Montluçon......................	103
22°	De Toulouse à la ligne du Lot à Montauban.....	128
	Total.................	3212

§ 2. *Concessions éventuelles.*

Le ministre, au nom de l'État, s'est engagé à concéder à la compagnie d'Orléans les lignes suivantes, pour le cas où ces concessions seraient jugées utiles :

1° De Tours à Vierzon.

2° D'Orléans vers un point du chemin de fer du Bourbonnais, à déterminer entre Montargis et Briare.

3° De Montluçon à Limoges, passant par ou près Guéret et se raccordant avec la ligne de Châteauroux à Limoges, en un point à déterminer au sud de la Souterraine.

4° De Poitiers à Limoges, ledit chemin se reliant à la ligne de Châteauroux à Limoges, au point ou près le point de raccordement de cette dernière ligne avec le chemin de Montluçon à Limoges, par Guéret.

5° D'Angers à Niort.

6° De Limoges à Brives, le tracé de ladite ligne devant être coordonné avec celui de la ligne de Limoges à Périgueux.

7° Un embranchement sur Cahors.

8° Un autre sur Villeneuve d'Agen.

9° Un autre sur Bergerac.

10° Un autre sur Tulle.

L'ensemble de ces concessions éventuelles représente environ 700 kilom., qui, joints aux 3212 kilom. définitivement concédés, portent à près de 4000 kilom. l'ensemble du réseau de la Compagnie d'Orléans.

Relativement à l'état actuel de l'exploitation et des travaux, ce réseau peut se diviser de la manière suivante :

EXPLOITATION ACTUELLE.

		kilom.
1°	De Paris à Orléans...........................	121
2°	D'Orléans à Tours.........	113
3°	De Tours à Bordeaux par Poitiers..............	344
4°	De Poitiers à La Rochelle par Niort...........	141
5°	De Poitiers à Rochefort, déduction faite du tronc commun de La Rochelle......................	15
6°	De Tours à Nantes, avec prolongement sur Saint-Nazaire.....................................	252
7°	D'Orléans à Vierzon..........................	79
8°	De Vierzon à Nevers.................	102
9°	De Vierzon à Limoges, par Châteauroux........	200
10°	De Coutras à Périgueux.......................	76
11°	De Paris à Sceaux et à Orsay....	25
12°	De Tours au Mans............................	94
	Total.................	1473

Ainsi, sur les concessions définitives faites à la Compagnie d'Orléans, et s'élevant à 3212 kilomètres, il y en a :

La durée des concessions est de 99 ans, à partir du 1er janvier 1858, pour finir au 31 décembre 1956. L'État a stipulé à son profit une faculté de rachat qui ne pourra être exercée qu'à dater du 1er janvier 1873.

Les avantages assurés à la Compagnie consistent en :

1° Garantie d'intérêt de 6 millions, soit 4 0/0 sur un capital de 150 millions pendant 50 ans à partir du 1er janvier 1852, applicable à l'ancien réseau d'Orléans.

2° Garantie d'intérêt de 126 000 fr. soit 3 0/0 sur un capital de 4 200 000 fr. pendant 50 ans à partir du 10 juin 1850, applicable à la ligne d'Orsay.

3° Garantie d'intérêt de 7 080 000 fr. soit 4 0/0 sur un capital de 177 000 000, applicable aux sections du Grand-Central rétrocédées à la compagnie d'Orléans et comprises aux articles 12, 13, 14, 15, 16, 17 du § 1 (concessions définitives), et ce pendant 50 ans à partir de l'achèvement des travaux, section par section.

4° Subvention de 25 millions de francs pour l'exécution du chemin de fer de Nantes à Châteaulin avec embranchement sur Napoléonville.

5° Subvention de 72 millions de francs pour la construction des sections du Grand-Central rétrocédées à la compagnie d'Orléans (articles 12, 13, 14, 15, 16 et 17 des concessions définitives).

6° Subvention éventuelle et à fixer ultérieurement, pour l'exécution des embranchements sur Cahors, sur Villeneuve-d'Agen, sur Bergerac et sur Tulle, lorsque ces embranchements seront définitivement concédés.

7° Remboursement par l'État des 19 millions, représentant, à forfait, le montant des travaux de l'embranchement de Saint-Germain-des-Fossés à Roanne.

Toutes sommes à payer par l'État à la compagnie, soit à titre de subvention, soit à titre de marché à forfait, seront, au fur et à mesure de leurs échéances, converties en obligations négociables de l'État de 500 fr. chacune, rapportant 25 fr. d'intérêt et remboursables en 30 ans par voie de tirage au sort.

8° Indemnité annuelle de 375 000 à payer par l'administration des postes jusqu'au 15 juin 1865.

9° Faculté d'aliéner les mines et ateliers d'Aubin.

10° Annuité à recevoir de la compagnie de Lyon-Méditerranée, comme prix de la cession de la part du Bourbonnais, s'élevant :

A 1 100 000 pour la période qui s'écoulera du 1er janvier 1857 jusqu'à l'ouverture de la ligne entière de Paris à Lyon par Roanne et Saint-Étienne;

A 2 000 000 à partir de l'ouverture de ladite ligne;

A une somme à fixer arbitralement trois ans après l'ouverture de ladite ligne.

Les charges imposées à la Compagnie sont les suivantes :

1° Partage des bénéfices avec l'État au-dessus de 8 0/0 :
Sur le chemin d'Orsay;
Sur les sections du Grand-Central.

2° Payement à l'État de 8 millions applicables au réseau pyrénéen, en huit portions égales, d'année en année, à dater du 15 janvier 1858.

3° Partage avec la compagnie du Midi des dépenses de raccordement à Bordeaux.

4° Avance des dépenses de construction de l'embranchement de Saint-Germain-des-Fossés à Roanne, lequel fait partie du réseau de la compagnie de Lyon-Méditerranée; ces avances sont remboursées par l'État, comme il est dit plus haut.

La Compagnie d'Orléans a successivement livré à la circulation les sections suivantes :

Paris à Corbeil..................	20 septembre1840;
Juvisy à Orléans................	5 mai 1843;
Orléans à Tours.................	2 avril 1846;
Paris à Sceaux..................	23 juin 1846;
Orléans à Vierzon et Bourges......	20 juillet 1847;
Vierzon à Châteauroux...........	15 novembre1847;
Tours à Saumur.................	20 décembre 1848;
Bourges à Nérondes.............	20 mai 1849;
Saumur à Angers	1er août 1849;
Nérondes à Nevers..............	5 octobre 1850;
Tours à Poitiers................	15 juillet 1851;
Angers à Nantes................	21 août 1851;
Bordeaux à Angoulême...........	20 septembre1852;
Le Guétin à Moulins.............	15 mai 1853;
Poitiers à Angoulême............	28 juillet 1853;
Moulins à Varennes.............	22 août 1853;
Châteauroux à Argenton.........	2 mai 1854;
Bourg-la-Reine à Orsay..........	29 juillet 1854;
Varennes à St.-Germain-des-Fossés.	19 juin 1854;
St-Germain-des-Fossés à Clermont.	7 mai 1855;
Clermont à Issoire, Issoire à Brassac.	2 juillet 1855;
Brassac à Lempdes..............	8 mai 1856;
Poitiers à Niort.................	7 juillet 1856;
Nantes à Saint-Nazaire..........	20 juillet 1857;
Coutras à Périgueux.............	10 août 1857;
Niort à la Rochelle et Rochefort...	7 septembre1857;
La Palisse à Roanne.............	1858;
Tours au Mans.................	19 juillet 1858;
Montauban à Saint-Christophe.....	1858.

SITUATION FINANCIÈRE EN 1857.

Suivant le rapport lu à l'assemblée générale des actionnaires le 30 mars 1858, la situation financière de la Compagnie d'Orléans, au 28 février 1858, s'établissait ainsi :

Le capital social de la Compagnie se compose :

1° Du fonds social, soit...........	150 000 000 fr.	» c.
2° Du premier emprunt...........	9 999 000	»
3° Du 2e emprunt...............	9 999 750	»
4° Des recettes à compte du 3e emprunt...	286 686 314	82
5° Des à-comptes reçus sur les 4 millions de subvention dus par les départements et les villes de la section de Paris à la Rochelle et à Rochefort......	3 349 211	32
6° Des 86 000 obligations reçues de la compagnie du Bourbonnais en payement de la section de Nevers à Saint-Germain-des-Fossés	24 510 000	»
7° De 47 129 obligations reçues de la compagnie du Grand-Central en payement du chemin de Clermont... ...	12 836 239	05
A reporter....	497 380 515 fr.	19 c.

Report....	497 380 515 fr.	19 c.
8° De recettes diverses............	193 546	92
9° Des obligations du Grand-Central, à la charge de la Compagnie, d'après le décret du 19 juin 1857........ ..	76 675 842	36
10° Des obligations d'Orsay, 1er emprunt..............................	2 793 000	»
11° Des obligations d'Orsay, 2e emprunt..............................	1 200 000	»
Total........	578 242 904 fr.	47 c.

Ces diverses sommes ont été employées de la manière suivante :

1° *Ancien réseau*, (1750 kilom.)...	381 527 093 fr.	83 c.
2° *Réseau de l'ancien Grand-Central* (930 kilom.), obligations représentant le prix du rachat et dépenses faites depuis la prise de possession (1er juillet 1857)...................	181 577 281	47
3° *Chemin de fer de Paris à Orsay*, rachat et dépenses faites depuis la prise de possession (1er octobre 1857)......	5 384 583	27
4° Mines et usines d'Aubin, valeur des 44 200 obligations représentant le prix du rachat.....................	12 980 650	70
Total......	581 469 609 fr.	27 c.

En résumé les *recettes* s'élèvent à..........	578 242 904 fr.	47 c.
Les *dépenses* à.......	581 469 609	27
L'*excédant des dépenses* sur les recettes est donc de. .	3 226 704 fr.	80 c.

Mais les fonds nécessaires pour couvrir ces dépenses, et assurer à la Compagnie les moyens d'exécuter les travaux qui restent à terminer, sont garantis par les ressources suivantes :

1° Reste à recevoir sur la 3e série de l'emprunt 3 0/0.....................	12 000 fr.	» c.
2° 2334 obligations du Bourbonnais à recevoir, à 275 fr. soit.............	3 391 000	»
3° 51 706 obligations à 275 fr. à recevoir de la compagnie de Lyon-Méditerranée, lors de l'achèvement du chemin de Roanne, soit...............	14 000 000	»
4° Reste à émettre de la 5e série de l'emprunt 3 0/0, 211 935 obligations, à 275 fr., à compte desquelles la Banque de France a fait à la Compagnie une avance de 10 000 000, soit	48 000 000	»
	65 403 000 fr.	» c.

RECETTES ET DÉPENSES. — EXPLOITATION.

La Compagnie d'Orléans exploitait 1234 kilom. au 1ᵉʳ janvier 1857, et 1480 kilom. au 31 décembre de la même année, soit pour l'année entière une moyenne de 1362 kilom.

Pendant l'exercice 1857, les *recettes*, déduction faite de l'impôt, se sont élevées à. 64 923 061 fr. 96 c.

Les *dépenses, y compris les charges d'emprunts*, ont été de. 35 508 768   86

Restait donc un *excédant des recettes* sur les dépenses de... 29 414 293 fr. 10 c.

D'après les statuts et les décisions de l'assemblée générale, cette somme appartient savoir :

1° A l'amortissement, pour..........	254 925 fr.	» c.
2° A M. Lecomte, pour...........	12 000	»
3° Aux employés de la Compagnie, pour............................	2 024 423	90
Ensemble........	2 291 848	90
4° Aux actionnaires pour..........	27 122 944	20
Total égal........	29 414 293	10

Le revenu de chaque action pour l'exercice de 1857 a été de 90 fr., soit 15 fr. pour une *année d'intérêt* et 75 fr. *pour le dividende*. Il dépasse de 6 francs celui de l'année précédente qui avait été de 84 fr.

Les 64 923 061 fr. 96 c. de recettes se décomposent ainsi :

1ʳᵉ *Partie. — Domaine.* Recettes diverses.		296 779 94
2° *Partie.* — Intérêts divers		2 424 470 28
3° *Partie. — Exploitation A* Recettes de l'exploitation proprement dite :		
Voyageurs. (Nombre : 4 358 171)		20 866 508 85
Bagages. (Poids : 5 926 400 kil.)	633 353 04	680 584 33
Chiens. (Nombre : 26 783) ...	47 231 29	
Chevaux. (Nombre : 21 544)..	381 584 72	
Bœufs. (Nombre : 117 809) ...	2 006 089 15	
Veaux. (Nombre : 25 412)	49 092 65	3 296 879 88
Porcs (Nombre : 175 331).....	475 793 55	
Moutons (Nombre : 287 764)...	384 319 81	
Voitures. (Nombre : 1 779)....	169 997 01	544 997 01
Transport de l'administration des postes (2 920 voitures)..	375 000 »	
Finances (Valeurs : 355 596 127 fr. 55 c.)....		397 127 68
Denrées. (Poids : 17 720 869 kil.)..........		1 174 484 98
Articles de messagerie. (Poids : 15 484 539 kil.)		2 046 285 49
Marchandises transportées à petite vitesse (Poids : 1 743 080 T. 6)		28 664 262 50
Entrepôt des dépêches dans les stations et recettes diverses.....................		179 604 85
A reporter....		57 850 735 57

Report....	57 850 735 75
B Recettes des omnibus du factage et du camionnage	905 124 05
4° *Partie. — Recettes d'ordre*............	3 002 335 43
5° *Partie. — Recettes des exercices clos* ...	443 616 69
Total des recettes de toute nature....	64 923 061 96

Quant aux 35 508 768 fr. 86 c., de dépenses, ils se répartissent ainsi qu'il suit :

1ʳᵉ *Partie. — Administration centrale.* Frais d'administration......................	869 593 55
Service de santé......................	49 044 11
	918 637 66
2° *Partie. — Domaine de la Compagnie.* Dépenses du domaine, impôts et assurances....................................	313 600 47
3° *Partie. — Service des emprunts.* Intérêts et amortissement....................	8 156 191 34
4° *Partie. — Exploitation.* Personnel de l'exploitation	4 749 300 55
Frais généraux de l'exploitation...........	1 534 219 15
Charges de l'exploitation imposées par l'administration publique..................	235 178 27
Assurances	112 641 63
Factage, camionnage et omnibus dans Paris (personnel et matériel).................	1 033 136 13
Factage, camionnage, omnibus et voitures en province (personnel et matériel)......	489 398 08
Indemnités pour avaries, pertes et accidents.	199 048 19
Frais de traction et entretien des machines et tenders............................	6 752 060 56
Entretien et réparation des voitures et wagons...............................	1 631 613 54
	16 736 596 10
5° *Partie. — Service des Ingénieurs* (Voie et bâtiments). Personnel central et frais généraux du service des ingénieurs......	174 611 13
Surveillance de la voie	1 016 112 15
Entretien de la voie et de ses dépendances.	2 383 417 07
Entretien des gares et stations (personnel et matériel)...........................	435 252 09
Renouvellement de la voie et des bâtiments (matériaux).......................	1 065 775 81
	5 075 168 25
6° *Partie. Service du matériel.* Personnel et frais généraux du service du matériel.	45 507 79
Grosses réparations et modifications du matériel roulant en dehors du traité de traction	138 987 79
Renouvellement........................	470 097 93
	654 593 51

7ᵉ Partie. — Dépenses d'ordre ... : 3 002 335 43

8ᵉ Partie. — Dépenses des exercices clos.
Dépenses de l'inondation de 1856.......   425 726 61
Dépenses diverses....................   225 919 94

                  651 646 10

Dans les dépenses des exercices clos figure une somme de 425 726 fr. 60 c. qui solde les dépenses occasionnées par les inondations de 1856. Ces dépenses se sont élevées à 2 243 703 fr.; elles seraient portées à 4 millions 1/2, si l'on ajoutait aux frais matériels les 17 à 1 800 000 fr. représentant la perte de recettes. Toutefois on espère que es travaux entrepris pour régulariser le cours de la Loire rendront impossibles de pareils désastres.

La somme des recettes de 1857 a dépassé de 2 172 781 fr. 82 c. celle de 1856.

En retranchant des recettes et dépenses totales tout ce qui n'a rien de commun avec l'exploitation proprement dite, on obtient les chiffres suivants :

Recettes de l'exploitation...........   57 233 325 fr. 41 c.
Dépenses 20 436 934   63

Produit net de l'exploitation........   36 796 390 fr. 78 c.

et le rapport de la dépense à la recette est de...   35 71 0/0.
Ce rapport était en 1856, de 37 22 0/0.

En 1857, la Compagnie a renouvelé sur une plus large échelle le matériel roulant et la voie. En 1855 et 1856, près de 3 millions 1/2 avaient déjà été dépensés pour cet objet. 1 535 872 fr. 74 c., affectés au même emploi, figurent dans les dépenses de l'exercice de 1857.

Les dépenses d'exploitation comprennent, comme les années précédentes, une somme importante donnée a titre de secours aux agents peu rétribués des divers services et ayant charge de famille. Cette somme s'élève à 355 922 fr. 50 c.

De plus, sur les fonds des 15 0/0, il a été distribué 104 760 fr. 21 c.

Et il a été retiré de la Caisse d'épargne, sur la portion de ces fonds déposée au nom des employés individuellement, 174 843 fr.

Les recettes d'exploitation de 1857 présentent sur celles de 1856 un accroissement de 4 249 327 f. 27 c.

Savoir :

Sur les transports à grande vitesse....   2 402 340 fr. 09 c.
Sur les transports à petite vitesse.....   1 846 987   18

L'amélioration était plus forte à la fin du 1ᵉʳ semestre; mais, à partir du mois de juin, le progrès régulier et continu des recettes s'est arrêté, et même les recettes des derniers mois de l'année ont présenté, sur les recettes correspondantes de l'exercice précédent, des déficits considérables qui peuvent être attribués à la crise commerciale de la même époque, et qui portent particulièrement sur les vins et spiritueux, les céréales et les fers (voir ci-dessous).

L'augmentation sur les recettes de petite vitesse se décompose ainsi :

Augmentation sur les transports de bestiaux   278 211 85
Augmentation sur les transports des marchandises à petite vitesse..................   1 568 775 33

Pour analyser exactement le trafic de petite vitesse proprement dit, la Compagnie l'a divisé par semestre en le comparant au trafic correspondant de 1856. Le tableau ci-dessous présente cette comparaison :

INDICATION des semestres.	1856.	1857.	DIFFÉRENCE pour 1857.
	fr. c.	fr. c.	fr. c.
1ᵉʳ Semestre,......	11 266 083 80	15 515 461 67	+4 249 377 87
2ᵉ Semestre.......	15 940 107 46	13 259 504 92	−2 680 602 54
Exercice complet.	27 206 191 26	28 774 966 59	+1 568 775 33

A la fin du premier semestre de 1887, il y avait en nombres ronds, sur l'exercice précédent, une augmentation de. .... 4 249 000 fr. »
qui s'est réduite en fin d'exercice à. 1 569 000 »
par suite d'un déficit pendant le deuxième semestre de. ..... 2 680 000 fr. »

Ce déficit, considéré au point de vue de la nature des marchandises qui ont fait défaut, se décompose comme il suit :

Déficit sur le transport des vins et spiritueux   1 650 000 fr. »
—   —   des grains...........   551 000   »
—   —   des fers...........   300 000   »
—   —   des marchandises diverses, tissus, huiles, cotons, chanvres, laines, épiceries, etc....................   179 000   »

         Total égal........   2 680 000 fr. »

En 1857 la Compagnie a transporté 70 000 tonnes d'engrais de toute nature, — 14 000 tonnes de plus qu'en 1856. Ce chiffre comprend 40 000 tonnes de marne transportées en Sologne par trains spéciaux, tonnage qui n'avait été que de 27 000 tonnes en 1856. Les plâtres transportés en 1857 présentent un contingent de 92 000 tonnes contre un tonnage correspondant de 60 000 tonnes en 1856.

Le rapport du Conseil d'administration pour 1857 contenait en outre les détails statistiques suivants :

NATURE DES TRANSPORTS.	NOMBRES ABSOLUS.	RECETTES PAR NATURE DE TRANSPORT.		RAPPORT POUR 100 A LA RECETTE TOTALE.		PARCOURS KILOMÉTRIQUE DES UNITÉS DE TRAFIC.	
						Parcours moyen.	Parcours total.
Voyageurs { de 1re classe..	511 716	8 151 380 f.	37 c.	14 25		91 482 728 k.	178 k. 78
de 2e classe...	694 809	3 454 700	97	6 05	35 74	52 229 756	75 17
de 3e classe ..	3 151 646	8 830 877	60	15 44		200 211 683	63 52
Calèches..............	1 779	169 997	01	0 30		578 692	325 62
Chevaux..............	21 544	381 584	72	0 67	8 92	3 774 509	175 21
Bagages, chiens, messagerie et voitures des postes....	»	4 554 522	99	7 95		»	» »
Marchandises à petite vitesse	1 743 080 т.	28 774 966	59	50 23	50 23	384 362 844	220 53
Bestiaux. { Bœufs..	117 809	2 006 089	15	3 50		38 951 681	330 61
Veaux........	25 412	49 092	65	0 09	5 11	2 026 230	79 72
Porcs.........	175 331	475 793	55	0 85		27 872 705	159 01
Moutons......	287 764	384 319	81	0 67		82 059 403	285 22
Total des recettes d'exploitation....		57 233 325 f.	41 c.	100 »	100 »		

PARCOURS KILOMÉTRIQUE DU MATÉRIEL ET DES TRAINS SUR LES LIGNES EXPLOITÉES EN 1857.

1° *Parcours des machines locomotives.*

	kilom.	kilom.
Machines à voyageurs et mixtes..	5 862 669 }	
Id. à marchandises........	3 360 823 }	9 223 492

2° *Parcours des trains.*

	kilom.	kilom.
Trains à grande vitesse (voyageurs).	3 668 858 }	
Id. à moyenne id. (mixtes)	1 610 720 }	8 357 642
Id. à petite id. (marchand.).	2 878 064 }	

Les trains mixtes se répartissent en deux parties :

Partie afférente aux transports des voyageurs et accessoires............	55,55 0/0
Partie afférente aux transports des marchandises et bestiaux	45,45 0/0

3° *Parcours des voitures et wagons.*

1° Parcours effectués pour les transports des voyageurs et accessoires :

	kilom.	kilom.
Voitures de 1re classe............	11 382 183	
Id. de 2e classe............	7 635 408	
Id. de 3e classe............	11 785 961	46 343 578
Fourgons à bagages, écuries, trucks à calèches, fourgons de l'administration des postes..........	15 540 026	

2° Parcours effectués pour les transports des marchandises et bestiaux :

Wagons à marchandises chargés...	85 204 871 }	101 194 285
Id. id. vides.....	15 989 414 }	
Parcours total des voitures et wagons ..		147 537 863

Le parcours des wagons vides, dans les trains de marchandises, est de 15 80 pour 100 du parcours total.

Si l'on considère les résultats spéciaux du service des voyageurs, on trouve qu'ils se résument de la manière suivante :

1° *Voyageurs considérés en nombre absolu.*

	Nombres.	Rapport p. 100 au nombre total.
1re classe...................	511 716 v.	11 74
2e classe...................	694 809	15 94
3e classe...................	3 151 646	72 32
Totaux........	4 358 171 v.	100 »

2° *Voyageurs considérés au point de vue de leur parcours kilométrique.*

	Parcours kilométrique.	Rapport p. 100 au parcours total.	Parcours moyen d'un voyageur.
1re classe.......	91 482 728 k.	26 60	178 k. 78
2e classe.......	52 229 756	15 19	75 17
3e classe.......	200 211 683	58 21	63 52
Totaux et moy.	343 924 167 k.	100 »	78 91

3° Voyageurs considérés au point de vue de la recette.

	Recette totale.	Rapport p. 100 à la recette totale.	Recette moyenne d'un voyageur.
1re classe.......	8 151 380f. 37	39 90	15f. 93
2e classe.......	3 454 700 97	16 90	4 98
3e classe.......	8 830 877 60	43 20	2 80
Totaux et moy.	20 436 958f. 94	100 »	4f. 69

CHARGE ET PRODUIT DU TRAIN MOYEN PAR KILOMÈTRE ET PAR UNITÉ DE TRAFIC.

	Unités.	Produits.
Voyageurs de 1re classe ... 10 v. 95		
Id. de 2e classe.... 6 25	41v 15	2 f. 45 c.
Id. de 3e classe.... 23 95		
Bagages, chiens, calèches, chevaux, messagerie, voitures des postes..	» »	0 61
Marchandises à petite vitesse.......	43r. 13	3 44
Bestiaux. Bœufs	4 66	
Veaux.................	0 24	
Porcs................	3 33	0 35
Moutons.............	9 82	
Produit moyen par kilomètre et par train...		6 85

DÉCOMPOSITION DES FRAIS DE TRACTION ET D'ENTRETIEN DU MATÉRIEL PAR KILOMÈTRE DE TRAIN.

1° Frais de traction et d'entretien des machines et tenders............................ 0f. 816 c.

2° Frais d'entretien et de réparation des voitures et wagons, graisse..................... 0 209

Total par kilomètre................... 1 025

CONSOMMATION MOYENNE DE COKE ET DE HOUILLE (Y COMPRIS LA RÉSERVE ET L'ALLUMAGE) PAR KILOMÈTRE PARCOURU :

Par les machines à voyageurs et mixtes..... 5 k. 970

Par les machines à marchandises........... 9 270

Moyenne générale de l'ensemble...... 7 450

A ces divers renseignements statistiques nous ajouterons quelques-unes des observations du rapport officiel de 1856 sur la circulation des voyageurs et des marchandises :

« La circulation de petit parcours dans les banlieues des grandes villes a fixé depuis longtemps notre attention. Des trains fréquents desservent les banlieues de Paris, de Bordeaux et de Nantes ; des réductions de tarifs au moins égales, sinon supérieures, à celles qu'ont faites les autres Compagnies, ont été offertes au public, sous forme de billets simples, billets d'aller et retour, billets et cartes d'abonnement. Nous avons le regret de vous dire que ces facilités n'ont pas donné les résultats qu'on pouvait en attendre et n'ont amené dans la circulation que des progrès insignifiants.

« Sur tous les points importants de notre ligne, nous pourrions presque dire à toutes les stations, nous avons assuré, avec l'approbation de l'administration publique, des services de réexpédition desservant toutes les routes, les rivières et les canaux qui y aboutissent. Ces services sont confiés à des transporteurs de la localité dont nous connaissons l'honorabilité et l'exactitude ; ils sont faits à leurs risques et périls, et par conséquent avec toute l'économie que conseille l'intérêt privé. Des tarifs discutés avec soin règlent les prix et les délais du transport. Le public a promptement apprécié les avantages de ce système, qui, en l'affranchissant des commissions à payer aux intermédiaires, a rendu plus directs, plus simples et plus économiques les rapports des expéditeurs et des destinataires, et par conséquent les a notablement multipliés.

« Aux extrémités de notre réseau, à Paris, Bordeaux et Nevers, nous sommes entrés en correspondance directe avec les diverses compagnies de chemins de fer, et nous avons ainsi développé les relations commerciales des contrées que nous desservons avec celles qui sont traversées par les autres lignes. A Paris, l'établissement du chemin de ceinture a singulièrement facilité cette correspondance ; dans le courant de l'exercice 1856, nous avons reçu ou expédié par son intermédiaire sur les autres chemins de fer 313 000 tonnes.

« Dans les ports de mer que nous touchons, nous essayons de nouer des relations de correspondance avec les différentes lignes de navigation qui ont ces ports pour point d'attache. A Nantes, notamment, une honorable société a établi avec notre concours un service régulier de bateaux à vapeur desservant, trois fois par mois, Vigo, Lisbonne, Cadix et Malaga.

« A mesure que les relations commerciales se développent, les échanges portent sur des marchandises et des matières premières dont la valeur est de moins en moins grande, et qui ne peuvent, par conséquent, payer que des tarifs de plus en plus réduits. D'un autre côté, les échanges à grande distance tendent à se multiplier, et cette tendance ne peut être favorisée que par un abaissement relatif dans les prix de transport.

« Les tarifs différentiels sagement combinés nous ont permis de seconder ce double mouvement, si utile à la prospérité publique, en réduisant nos prix en faveur des matières premières et des marchandises de long parcours, sans diminuer en rien les autres sources de vos produits.

« Notre tarif moyen, perçu par tonne de marchandise et par kilomètre, qui, d'après notre cahier des charges, pourrait être de 0 16 c., qui, en 1854, était de 0 1353, a été abaissé successivement au chiffre très-réduit de 0 07 c. 1/2. Ce chiffre prouve que la Compagnie, interprétant largement son cahier des charges, a su faire bon marché des taxes qu'elle était autorisée à percevoir, toutes les fois qu'il s'est agi de répondre aux besoins réels du public. Lors même qu'elle n'aurait pas compris d'assez haut ses obligations morales pour prendre l'initiative de ces abaissements de tarifs, son propre intérêt l'aurait poussée dans cette voie. L'accroissement de vos produits, rapproché des réductions de prix que nous venons de signaler, le démontre suffisamment.

« Les populations que nous desservons sont essentiellement agricoles; il était de notre devoir de les aider de tous nos efforts à améliorer leur sol souvent ingrat. Ne sommes-nous pas, d'ailleurs, les premiers qui doivent gagner à leur richesse, puisque cette richesse même augmente la masse des échanges dont le chemin de fer est l'intermédiaire naturel ? Aussi n'avons-nous pas hésité à faire en leur faveur de larges sacrifices, laissant à l'avenir le soin de nous rémunérer.

L'agriculture du Bordelais et de la basse Loire réclamait des plâtres pour fertiliser ses prairies artificielles; mais il fallait les lui donner à un prix très-modique, pour que l'emploi en fût fait suivant les besoins, c'est-à-dire sur une grande échelle. Nous n'avons pas craint, dans des traités basés sur des prix différentiels, et communiqués à l'administration publique, de descendre jusqu'à 0 02 c. par tonne et par kilomètre, ce qui met le prix de la tonne de plâtre, à Nantes, à 14 fr. 50 c., et à Bordeaux, à 17 fr. 50 c. Nous en avons transporté, en 1856, 60 000 tonnes.

« La Sologne avait besoin de marne pour donner à ses sables argileux un élément de fertilité qui leur manquait. Le gouvernement a réclamé notre concours, et, malgré la faible longueur du parcours, qui ne dépasse pas 35 kilomètres en moyenne, et les retours de matériel qui se font toujours à vide, nous avons, dans un traité particulier, réduit le prix de transport à 0 03 c. par tonne et par kilomètre. En 1856, nous avons transporté dans ces conditions 27 000 tonnes.

« La crise des subsistances que nous subissons depuis trois ans, et à laquelle, espérons-le, la prochaine récolte mettra fin, nous créait aussi des devoirs vis-à-vis du public.

« En 1856, comme en 1855, nous avons fait des tarifs réduits, dans le but de faciliter l'introduction des grains étrangers et leur répartition entre les marchés d'approvisionnement des populations qui avaient le plus à souffrir de la disette. Ici encore, les tarifs différentiels ont été d'une grande utilité, en permettant en quelque sorte de graduer nos prix suivant les exigences des besoins qu'il fallait satisfaire. Ces taxes ont été abaissées jusqu'à 0 05 c. par tonne et par kilomètre. Si l'on veut bien remarquer que le transport des céréales est un des éléments les plus importants de nos recettes, on jugera des sacrifices que cet abaissement nous a imposés. Mais, messieurs, il ne faut pas les regretter, car ils constituent pour nous un titre à la reconnaissance du pays. En 1847, époque analogue à celle que nous venons de traverser, les prix exorbitants qui étaient demandés par les transporteurs d'alors aggravèrent tellement les conditions auxquelles on pouvait se procurer du blé, que beaucoup de localités se virent presque réduites à la famine. En 1855 et 1856, les compagnies de chemins de fer ont distribué avec promptitude et régularité les céréales d'une extrémité de la France à l'autre, moyennant des taxes tellement réduites, que toutes les populations ont pu assurer leur approvisionnement, sans que le prix du pain se trouvât pour elles sensiblement élevé par suite des frais du transport. »

Dès l'année 1845, la Compagnie d'Orléans avait associé ses employés à ses bénéfices. Après l'acquittement des charges et la distribution de 8 p. 100

aux actionnaires, il devait être fait, sur l'excédant des produits nets, un prélèvement de 15 pour 100 en faveur des employés. Sur l'exercice 1853, ce prélèvement avait produit 1 966 430 fr. 10 c. D'après de nouvelles conventions, les actionnaires doivent prélever 40 fr. par action, soit 12 millions sur les produits nets, amortissements déduits; au delà de 40 fr. et jusqu'à 70 fr., la part des employés est comme autrefois de 15 pour 100 ; mais, lorsque chaque action a touché 70 fr., le prélèvement en faveur des employés est réduit à 10 ; et, si les revenus des actionnaires dépassent 80 fr., la part des employés n'est plus que de 5 pour 100. En 1854, le prélèvement en faveur des employés a été de 1 541 635 fr. 19 c.; en 1855, de 1 873 905 fr. 84 c.; en 1856, de 1 772 909 fr. 88 c.; en 1857, de 2 024 423 fr. 90 c. [1].

Chaque année, sur la somme attribuée aux employés de la Compagnie d'Orléans pour leur part dans les bénéfices, avant toute répartition, il est opéré, pour le fonds de secours et d'encouragement, un prélèvement qui n'excède, dans aucun cas, ni le dixième de la somme à répartir, ni la somme nécessaire pour, avec le solde resté disponible de l'exercice précédent, compléter un chiffre maximum de 250 000 fr.

Des décisions spéciales du conseil d'administration, rendues sur la proposition du directeur, déterminent les sommes qui doivent être prises sur le fonds de secours et d'encouragement ainsi constitué, soit en cours d'année, soit en fin d'exercice, pour être attribuées :

1° Aux employés qui, dans l'exercice de leurs fonctions, ont reçu des blessures, contracté des maladies ou des infirmités qui les mettent dans l'impossibilité de continuer leur service;

2° Aux familles de ceux qui ont succombé par suite des mêmes circonstances ou d'événements extraordinaires;

3° Enfin, aux employés qui se sont distingués dans leur service.

Ce prélèvement opéré, le surplus de la somme à distribuer est réparti entre tous les employés dans la proportion du traitement dont chacun d'eux a joui dans le cours de l'année.

[1]. Cette somme est répartie entre sept ou huit mille employés, et représente environ 25 pour 100 du traitement fixe.

Un tiers de la somme attribuée à chaque employé lui est remis en espèces;

Un tiers est versé à son compte à la Caisse d'épargne de Paris;

Un tiers est versé à son compte à la Caisse de retraite pour la vieillesse, à l'effet de lui faire constituer une pension viagère à l'âge de cinquante ou de soixante ans, soit à fonds perdus, soit avec capital réservé suivant qu'il le préfère, le tout conformément aux lois et règlements qui régissent cette Caisse, et sauf les exceptions y contenues.

Si la somme totale attribuée à chaque employé n'atteint pas 30 fr. par 1000 fr. de traitement, cette somme lui est remise en espèces.

ÉTAT DES TRAVAUX.

LIGNE DE LIMOGES A AGEN.

Les travaux de cette ligne sont en pleine activité depuis Thiviers jusqu'à Périgueux, sur une longueur de 30 kilom.

Le projet définitif de la partie comprise entre Limoges et Thiviers sera soumis prochainement à l'approbation ministérielle.

Entre Périgueux et Agen, il y a deux tunnels commencés, l'un à la Trappe, près de Villefranche de Périgord, pour le passage du faîte qui sépare le bassin de la Dordogne de celui du Lot, l'autre à la Roque, pour la traversée du faîte du Lot à la Garonne. Les projets définitifs du tracé de Périgueux à Agen sont très-avancés et seront terminés dans le cours de la campagne de 1859.

Les terrassements et ouvrages d'art sont faits pour deux voies, le rayon des courbes ne descend pas au-dessous de 500 mèt., et les inclinaisons n'excèdent pas 10 millimèt., quoique le cahier des charges en autorise 13.

PÉRIGUEUX AU LOT.

La première partie, celle de Périgueux à Brives, sur 74 kilom., est en pleine exécution. Elle sera terminée facilement dans le cours de l'année 1859.

Entre Brives et le Lot, on a commencé deux souterrains, l'un à Montplaisir, entre Brives et la Dordogne, l'autre près de Figeac, entre la Celle et le Lot. Les projets définitifs du tracé ont été en 1858 l'objet d'une étude nouvelle et approfondie.

MONTAUBAN A MARCILLAC ET RODEZ.

La partie comprise entre Montauban et Penchot sur le Lot est à peu près achevée. La voie est posée d'un bout à l'autre, et il ne reste plus qu'à compléter l'organisation des stations. La section de Penchot à Aubin et d'Aubin à Aussibal est déjà en exploitation pour le service spécial des établissements métallurgiques. Enfin, la partie comprise entre Aussibal et Saint-Christophe est très-avancée. On espère en conséquence que l'intervalle tout entier entre Montauban et Saint-Christophe, soit de 171 kilom., y compris l'embranchement de Decazeville, pourra être exploité dans le cours du mois de juillet prochain[1]. Ce tronçon desservira les établissements métallurgiques d'Aubin et de Decazeville, le chef-lieu du département de l'Aveyron par la station de Saint-Christophe, qui se trouve située à 22 kilom. de Rodez, et celui du département du Cantal par la station de Capdenac.

Les travaux sont commencés sur une partie du parcours entre Saint-Christophe et Rodez.

MONTLUÇON A MOULINS.

Les travaux de la ligne de Montluçon à Moulins sont attaqués sur toute son étendue. Une petite section, formée de l'embranchement de Bezenet et d'une portion de la ligne principale, est déjà utilisée pour le service des forges et minières de Commentry.

En somme, si ses prévisions se réalisent, la Compagnie d'Orléans pourra avoir 800 kilom. du réseau central en exploitation à la fin de 1861.

ÉTABLISSEMENTS D'AUBIN.

Les forges, mines et fonderie d'*Aubin*, que la Compagnie d'Orléans a prises à sa charge, avec faculté toutefois de les aliéner, comprennent :

1° Plusieurs concessions houillères, tant dans le bassin même d'Aubin que dans celui des environs de Rodez;

2° Une concession de minerai de fer;

3° Quatre usines à fer, sises à Aubin, à Fumel, à Duravel et à Bruniquel. Ces usines renferment 11 hauts-fourneaux, dont 6 à Aubin, et des forges à la houille;

4° Enfin, des concessions de cuivre et de plomb

1. Cette ligne a été en effet ouverte à l'époque fixée.

argentifères aux environs de Villefranche et de Najac. Ces dernières sont aujourd'hui l'objet d'explorations qui ne permettent pas encore de se prononcer sur la valeur des gîtes qu'elles renferment; mais plusieurs ingénieurs expérimentés, qui les ont visitées à diverses époques, s'accordent à les regarder comme dignes de provoquer des recherches sérieuses.

Pour diriger l'administration de cet ensemble, le conseil a délégué un comité spécial.

La direction de la régie a été transférée d'Aubin à Paris et placée dans les attributions du directeur du réseau central.

Les divers services ont été centralisés à Aubin, dans les mains d'un agent principal, qui a le titre de sous-directeur et reçoit les ordres de la direction de Paris.

Enfin, le conseil, considérant l'importance, la multiplicité et la variété des questions techniques que devra présenter la gestion de la régie d'Aubin, a cru devoir constituer, auprès du comité et de la direction, un ingénieur-conseil chargé d'étudier et préparer la solution de ces diverses questions. Les fonctions d'ingénieur-conseil ont été confiées à M. Callon, ingénieur en chef des mines, dont le nom fait autorité dans l'industrie.

Le premier soin du comité, à peine organisé, a été de se transporter à Aubin avec le directeur de la compagnie et le directeur du réseau central. Il y a trouvé l'exploitation de la houille montée sur le pied de 170 à 180 000 tonnes par an; la production des rails et celle des coussinets, sur le pied de 12 000 et de 4 000 tonnes.

Cette production excédait notablement les besoins actuels; elle était d'ailleurs prématurée, en ce sens qu'elle se trouvait nécessairement grevée de frais de transport très-élevés, soit pour les minerais et autres matières premières, soit pour les produits fabriqués, tant que la ligne de Montauban à Marcillac n'était pas livrée à la circulation.

Le comité a donné immédiatement les ordres nécessaires pour suspendre les travaux sur certains points et pour les ralentir sur tous les autres. On n'a maintenu en feu que deux hauts fourneaux à Aubin. L'adoption d'un système de rails nouveau permettra de supprimer prochainement la fabrication des coussinets. Celle des rails a été limitée,

8

pour l'exercice 1858, à 7 000 tonnes, et l'extraction de la houille a été provisoirement restreinte à la quantité nécessaire au roulement des usines et à la faible consommation qui a lieu dans la localité.

CONSEIL D'ADMINISTRATION DE LA COMPAGNIE D'ORLÉANS.

MM. François Bartholony, ❀, président; — De Gascq, G. O. ❀, président honoraire à la Cour des comptes, vice-président; — A. de Waru, ❀, banquier, régent de la Banque de France, vice-président; — vicomte Denis Benoist d'Azy, ❀, ancien Représentant, vice-président; — J. D. Barry; — Benat, ❀, administrateur délégué; — Bourlon, ❀, membre du Corps législatif, ancien administrateur des Messageries générales, administrateur délégué; — De Bousquet, ❀, ancien chef de division à l'Administration des Postes; — Ed. Caillard, ancien administrateur des Messageries générales; — Augustin Cochin, ❀, docteur en droit, membre du Conseil municipal de Paris; — Gustave Dufeu, ❀, administrateur délégué; — Louis Dufour, banquier; — Adolphe Durand, ❀, banquier, régent de la Banque de France; — Foucher père, ❀, président honoraire de la Chambre des notaires, à Paris; — G. de Fougères, ❀, ancien conseiller référendaire à la Cour des Comptes, administrateur délégué; — Gladstone, représentant de la Compagnie à Londres; — Albert Lacroix, ❀, administrateur des Messageries impériales; — Lavallée, ❀, directeur de l'École centrale des arts et manufactures; — A. Marc, ❀, ancien directeur de la Compagnie, administrateur délégué; — de Monicault, O. ❀, ancien préfet; — Monternault, ancien magistrat; — Alph. de Rainneville, ❀, ancien conseiller d'État; — Amédée Revenaz, administrateur des Messageries impériales, administrateur délégué; — baron Paul de Richemont, O. ❀, membre du Corps législatif, administrateur délégué; — comte Philippe de Ségur, G. C. ❀, lieutenant général; — Pérodeaud, ❀, secrétaire du Conseil, du Comité et des Commissions, chef du service central.

COMITÉ DE MM. LES ADMINISTRATEURS DÉLÉGUÉS.

MM. Benat; — Bourlon; — Dufeu; — de Fougères; — Marc; — Revenaz; — de Richemont.

DIRECTION.

M. C. Didion, O. ❀, inspecteur général des ponts et chaussées, directeur.

EXPLOITATION.

MM. Solacroup, ❀, ingénieur des ponts et chaussées, chef de l'exploitation; — Lemercier, ❀, ingénieur des ponts et chaussées, ingénieur en chef de la Compagnie; — Beaussier, ❀, chef de la comptabilité générale et des finances; — Lauras, secrétaire général.

COMITÉ DU RÉSEAU CENTRAL.]

MM. F. Bartholony, président; — Benoist d'Azy; — de Waru; — Dufeu; — de Richemont; Revenaz; — de Rainneville; — de Bousquet; — Cochin; — Benat.

COMMISSION DE LA RÉGIE D'AUBIN.

MM. F. Bartholony, président; — Benoist d'Azy; — Revenaz; — de Richemont; — Thirion, ❀, ingénieur en chef des ponts et chaussées, directeur des travaux du réseau Central et de la Régie d'Aubin.

CONSTRUCTION.

M. Morandière, ❀, ingénieur en chef des ponts et chaussées, chargé de la direction des travaux de construction des prolongements et embranchements du réseau de l'Ouest.

Direction, Exploitation, Construction : boulevard de l'Hôpital, 7.

Service central : rue de la Chaussée-d'Antin, 11.

CHEMIN DE FER DE LYON A LA MÉDITERRANÉE.

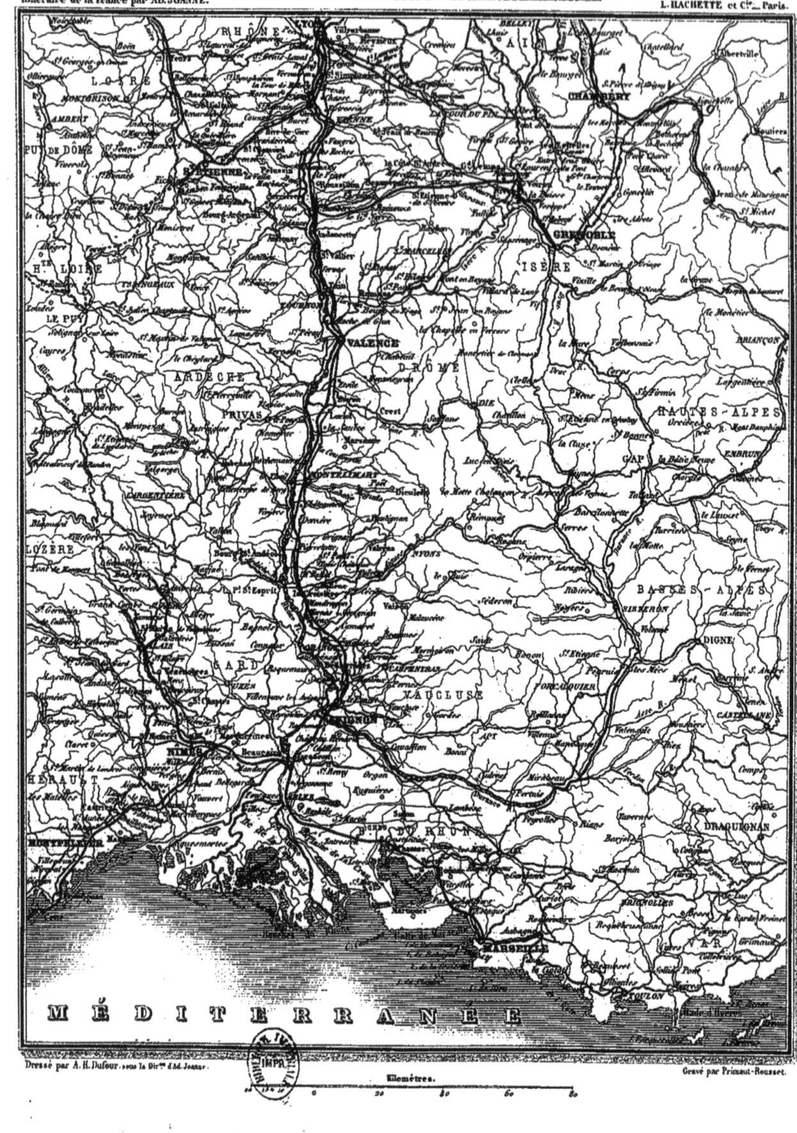

Dressé par A. H. Dufour, sous la Direction d'Ad. Joanne.

Gravé par Primaut-Rousset.

CHEMINS DE FER DE PARIS A LYON ET A LA MÉDITERRANÉE.

LE RÉSEAU.

Une voie de fer de Paris à Lyon et à Marseille était au nombre de celles dont le gouvernement avait commencé les études dès l'année 1833.

La loi de 1842, qui détermina en principe le réseau des chemins de fer français, comprit une ligne ferrée de Paris à la Méditerranée par Lyon, Marseille et Cette, et de la Méditerranée au Rhin par Lyon, Dijon et Mulhouse. Préoccupées du besoin de relier l'Océan à la Méditerranée, les Chambres pourvurent à l'exécution du tronçon de Dijon à Châlon. La loi du 26 juillet 1844 fixa le tracé de la ligne de Paris à Lyon. Enfin une ordonnance royale du 21 décembre 1845 autorisa la concession faite à MM. Baudrant, Charles Lafitte, Ganneron et Barillon; et une autre ordonnance, du 1er mars 1846, approuva les statuts de la Société anonyme du chemin de fer de Paris à Lyon.

Cette Compagnie devait rembourser à l'État 2 millions qu'il avait dépensés pour travaux préparatoires entre Paris et Tonnerre, et les dépenses de la même section, s'élevant à près de 16 millions. Elle avait pris à sa charge l'exécution des travaux à exécuter sans subvention et sous la seule condition d'une jouissance de 45 années. Mais le capital social, constitué en vue d'éventualités mal calculées (les dépenses qui, suivant l'exposé du projet de loi, devaient s'élever à 180 millions, dépassaient de 100 millions les prévisions du gouvernement, ainsi qu'il résulte de l'estimation faite par M. Jullien, l'ingénieur en chef du chemin de Paris à Lyon), se trouva insuffisant. La crise financière qui sévissait alors excluait toute idée de recours au crédit particulier. La Compagnie réclama l'assistance de l'État; il fallait empêcher la fermeture des ateliers et la cessation des travaux. La loi du 9 août 1847 modifia les clauses du cahier des charges en ce sens :

1° Qu'il serait accordé à la Compagnie une prolongation d'une année de jouissance de la concession par chaque somme de 1 million dépensée au delà de celle de 216 millions, sans qu'au total la concession pût dépasser 99 ans, et sans qu'elle pût être moindre si la dépense ne s'élevait qu'à 274 millions ;

2° Que l'État se chargerait à forfait de la traversée de Lyon moyennant 24 millions ;

3° Et enfin que la Compagnie serait déchargée de l'obligation d'établir la gare de la Guillotière.

La Compagnie, de son côté, dut procéder dans son sein à d'importantes réformes : le nombre des administrateurs, qui s'était élevé à 50, fut réduit à 35 d'abord et ensuite à 25.

Ces mesures ne suffirent pas à sauver la Compagnie. Après la révolution de 1848, l'État dut racheter le chemin de Paris à Lyon. En exécution d'un décret du 17 août 1848, les actionnaires reçurent, pour chaque action libérée de 250 fr., une rente 5 pour 100 de 7 fr. 50 c., représentant l'intérêt à 3 pour 100 des versements effectués : soit ensemble 3 040 000 fr. de rente 5 pour 100.

Les dépenses s'élevaient alors au chiffre total de 96 000 000 fr. 00 c.

Il a été employé depuis cette époque sur les fonds de l'État, en continuation des travaux :

en 1848	....	22 176 689,69	
1849	....	37 469 815,89	
1850	....	29 100 000,00	
1851	....	13 000 000,00	
Ensemble...		101 746 505,58	101 746 505,58
Soit au total....			197 746 505,58

Sous la direction de l'État, les travaux furent activement poursuivis et les sections de Paris à Tonnerre, et de Dijon à Châlon, purent être ouvertes les 12 août et 2 septembre 1849. L'exécution et l'exploitation par l'État se continuèrent jusqu'en 1852. Un décret du 5 janvier 1852 concéda à une nouvelle Compagnie le chemin de Paris à Lyon. En échange d'une durée de jouissance prolongée jusqu'à 99 ans, avec une garantie d'intérêt de 4 pour 100 pendant la moitié de cette période, cette Compagnie s'engageait à rembourser au Trésor la somme de 114 millions, représentant la plus grande partie des dépenses faites par l'État, et à compléter les travaux, à ses frais, dans le délai de quatre années, enfin à partager avec l'État les bénéfices qui excéderaient 8 pour 100 après le terme de quinze ans, à partir de l'époque fixée pour l'achèvement des travaux. L'État, de son côté, garantissait à la Compagnie un intérêt de 4 pour 100 sur un capital de 200 millions qui se composait de 120 millions en actions de 500 fr., et de 80 millions en obligations de 1 050 fr.

Un décret du 12 février 1852, réalisant le vœu de la loi de 1842, concéda une ligne qui, s'embranchant à Dijon sur le chemin de Lyon, devait se diriger sur Besançon, puis aboutir à Mulhouse.

En 1853, un autre décret concéda à la Compagnie de Paris à Lyon l'embranchement de la Roche à Auxerre, et un nouveau décret du 20 avril 1854 y rattacha le chemin de Dijon à Besançon et Belfort, avec son embranchement d'Auxonne à Gray, et lui concéda les deux lignes accessoires de Châlon à Dôle et de Bourg à Dôle ou Besançon par Lons-le-Saulnier.

Le 7 avril 1855, un décret ordonna l'exécution d'un second chemin de fer de Paris à Lyon par le Bourbonnais, dont la concession fut faite collectivement aux trois Compagnies de Paris à Orléans, du Grand-Central et de Paris à Lyon.

La ligne de Lyon à la Méditerranée n'éprouva pas de moindres vicissitudes que celle de Paris à Lyon. En 1843, la section d'Avignon à Marseille fut concédée à une Compagnie qui en entreprit la construction à ses frais, moyennant une subvention réglée à forfait. Le 11 juin 1845, la ligne de Lyon à Avignon fut concédée à son tour, sans subvention, avec une jouissance de 44 ans. Deux ans après, la Compagnie concessionnaire était frappée de déchéance. Le 21 novembre 1848, la Compagnie de Marseille à Avignon succombait à son tour,

et cette ligne était mise sous le séquestre. Les travaux furent cependant continués aux frais de l'État, qui commença aussi la construction de la ligne entre Avignon et Lyon.

Une loi du 8 juillet 1852 réunit en un seul groupe les deux lignes de Marseille à Avignon, d'Avignon à Lyon, et les lignes secondaires d'Alais à Beaucaire (concédées en 1833), de Montpellier à Cette (1836), d'Alais à la Grand'Combe (1836), de Montpellier à Nîmes (1840), en y rattachant des embranchements sur Aix et Toulon.

Ainsi, en 1857, il existait entre Paris, Lyon et la Méditerranée, trois lignes adoptées, concédées et en cours d'exécution : 1° la ligne de Paris à Lyon par Dijon; 2° la ligne de Lyon à Marseille, avec ses embranchements; 3° la ligne de Paris à Lyon par le Bourbonnais. En outre, la Compagnie du Grand-Central était concessionnaire de sections qui venaient presque se confondre avec certaines parties des trois autres lignes.

En 1857, les deux Compagnies de Paris à Lyon et de Lyon à Marseille se réunirent en une seule Compagnie sous ce titre : *Compagnie des chemins de fer de Paris à Lyon et à la Méditerranée;* puis, d'accord avec la Compagnie d'Orléans, elles achetèrent le réseau du Grand-Central, qui fut démembré et partagé entre les deux seules Compagnies subsistantes de Paris à Orléans et de Paris à Lyon et à la Méditerranée. Cette dernière eut pour lot : 1° le tiers appartenant au Grand-Central dans la ligne du Bourbonnais à Paris; 2° les lignes de Saint-Germain-des-Fossés à Clermont, de Clermont à Arvant, d'Arvant à Saint-Étienne par le Puy. A ces lignes, furent ajoutées des concessions nouvelles, de Nevers et Moulins à Dijon, de Châtillon à Montbard, de Dôle à la frontière suisse par Pontarlier avec embranchement sur Jougne; de Brioude vers Alais en prolongement de la ligne centrale de Paris à Clermont; de Toulon à Nice prolongeant celle de Marseille à Toulon; d'Avignon à Gap et à la frontière sarde; plus, quatre embranchements de Montbéliard à Dôle et Audincourt, de Privas, de Crest et de Carpentras vers la ligne de Lyon à Avignon. Par le même traité, la Compagnie de Paris à la Méditerranée devint propriétaire des lignes de Saint-Étienne à Andrezieux, Roanne et

Lyon, réunies au Grand-Central, en vertu d'un décret du 17 mai 1853.

Un décret du 30 avril 1853 avait concédé à une Compagnie indépendante des précédentes un chemin de fer de Lyon à Genève, avec embranchement d'Ambérieux à Mâcon. Cette Compagnie s'est fusionnée, en 1855, avec la Compagnie de Lyon à Marseille, et, par suite, en 1857, avec la Compagnie de Paris à la Méditerranée.

Le réseau de la Compagnie des chemins de fer de Paris à Lyon et à la Méditerranée est donc actuellement (juin 1858) composé ainsi qu'il suit :

Concessions définitives.

	kilom.
Paris à Lyon, par Dijon, Châlon, Mâcon...........	512
La Roche à Auxerre.............................	19
Dijon à Auxonne................................	30
Auxonne à Gray, — à Dôle.......................	49
Dôle à Salins, — à Besançon.....................	83
Besançon à Belfort, par Montbéliard..............	95
Châlon à Dôle..................................	65
Châtillon à la ligne de Paris à Lyon..............	35
De la ligne de Dôle à Salins à la frontière Suisse, par Pontarlier, avec embranchement sur Jougne......	90
Montbéliard à Dôle et Audincourt.................	22
Lyon à Avignon.................................	230
Avignon à Marseille, par Tarascon, Arles et Rognac, avec embranchement sur la Joliette...............	128
Raccordement à Givors avec la ligne de Saint-Étienne.	4
Tarascon à Nîmes...............................	28
Nîmes à Cette par Montpellier, — à Alais..........	125
Alais à la Grand'Combe..........................	17
Rognac à Aix...................................	25
Marseille à Toulon..............................	62
Ambérieux à Lyon, — à Seyssel; — raccordement avec la ligne d'Avignon.........................	106
Seyssel à Genève, — embranchement de Culoz.....	51
De Bourg à Ambérieux, — à Mâcon, — à la ligne de Dôle, par Lons-le-Saulnier......................	203
Villeneuve-Saint-Georges à Juvisy et à Corbeil.......	19
Corbeil à Montargis.............................	88
Montargis à Briare..............................	48
Briare à Nevers.................................	89
Nevers à Saint-Germain-des-Fossés.................	103
Saint-Germain-des-Fossés à Roanne	65
Roanne à Lyon par Tarare.......................	80
Moret à Montargis..............................	51
Saint-Germain-des-Fossés à Vichy, à Arvant........	135
Roanne à Saint-Étienne et Lyon...................	136
Embranchements de Montrambert et d'Andrezieux...	14
Montbrison à Andrezieux.........................	19
Brioude à Arvant, — au Puy.....................	85
Firminy au Puy, — à Saint-Étienne...............	87
A reporter....	2998

Report....	2998
Nevers à ou près Chagny.........................	155
Moulin à ou près Chagny.........................	125
Total en kilomètres...........	3278

Concessions éventuelles.

Brioude à la Grand'Combe ; — Privas à la ligne de Lyon à Avignon, avec prolongement jusqu'à Crest; — Carpentras à la même ligne; — Toulon à Nice, par Draguignan; — Avignon à Gap, avec embranchement sur Aix, et sur Miramas, par Salon; — Gap à la frontière Sarde. Ensemble : 750 kilomètres environ.

L'exploitation avait lieu, en mars 1858, sur . . . . 1840 kil.

Il y avait à cette date, en cours de construction. 271

Il restait à construire. 1167

Total égal. . . . 3278 kil.

La durée de la concession, pour la totalité du réseau, est de 99 ans, commençant au 1er janvier 1860. L'État s'est réservé une faculté de rachat, qui ne peut être exercée que sur l'ensemble des concessions et à dater du 1er janvier 1875.

La Compagnie reçoit, en subventions :

1° De l'État............................	141 000 000 f.
2° De la ville d'Aix, pour l'embranchement de Rognac à Aix...................	1 000 000
3° De la Suisse, pour la ligne de Lyon à Genève................................	2 000 000
Ensemble...............	144 000 000 f.

L'État accorde, en outre, des garanties d'intérêt, variables pour la durée du temps et la quotité de l'intérêt, suivant le montant des capitaux affectés à la construction des divers parcours.

A partir du 1er janvier 1866, l'État entrera en partage des bénéfices au delà de 8 pour 100 du capital dépensé par la Compagnie. D'autre part, la Compagnie doit payer à l'État une somme de 16 millions de francs, applicable à la construction du réseau pyrénéen. Cette somme doit être acquittée, par portions égales, en huit années, à partir du 15 janvier 1858.

La convention organique du 11 avril 1857 a divisé en deux réseaux distincts l'ensemble des lignes qui composent le domaine de la Compagnie des chemins de fer de Paris à Lyon et à la Méditerranée. Le premier réseau comprend toutes les lignes précédemment concédées aux anciennes Compagnies de Paris à Lyon et de Lyon à la Méditerranée. Le second comprend les anciennes concessions de la Société du Bourbonnais, les sections détachées de l'ancien Grand-Central dans le partage avec la Compagnie d'Orléans, et les lignes concédées ou à concéder à nouveau.

Aux termes de l'article 11 de la convention, ces deux grandes divisions sont soumises à des régimes différents, et les comptes restent distincts pendant toute la période de la construction. Les produits nets du réseau ancien sont distribués intégralement aux actionnaires, et les intérêts des capitaux engagés dans les lignes du nouveau réseau, déduction faite des produits des sections de ces lignes déjà en exploitation, sont portés au compte capital.

Il résulte de ces dispositions que le rapport soumis à l'assemblée générale des actionnaires, le 30 avril 1858, présente séparément les comptes des dépenses et des produits de chacun des deux réseaux.

Quant à la ligne de Lyon à Genève, elle est encore, pour quelques années, complétement séparée de l'ensemble du réseau général, et administrée à part (voir ci-dessous).

Les Compagnies de Paris à Lyon et de Lyon à la Méditerranée ou l'État ont successivement livré à la circulation les sections ci-après désignées :

De Saint-Étienne à Andrezieux........	10 octobre 1828 ;
De Rive de Gier à Givors.............	1er octobre 1830 ;
De Givors à Lyon....................	1er avril 1832 ;
De Rive de Gier à Saint-Étienne	avril 1833 ;
D'Andrezieux à Roanne..............	février 1834 ;
De Montpellier à Cette..............	mars 1839 ;
D'Alais à Beaucaire..................	19 août 1840 ;
D'Alais à la Grand'Combe............	1841 ;
De Montpellier à Nismes.............	9 janvier 1845 ;
De Saint-Chamas à Rognonas.........	18 octobre 1847 ;
De Saint-Chamas au Pas-des-Lanciers .	1er novembre 1847 ;
De Marseille au Pas-des-Lanciers......	15 janvier 1848 ;
De Rognonas à Avignon	5 mars 1849 ;
De Paris à Tonnerre.................	12 août 1849 ;
De Dijon à Châlon	2 septembre 1849 ;
De Tonnerre à Dijon.................	22 juin 1851 ;
D'Avignon à Valence	29 juin 1854 ;
De Châlon à Vaise...................	10 juillet 185 ; ,
De Lyon à Valence	16 avril 1855 ;
De Dijon à Dôle....................	25 juin 1855 ;
De la Roche à Auxerre	4 octobre 1855 ;
De Rognac à Aix....................	11 octobre 1856 ;
D'Auxonne à Gray....................	10 novembre 1856
De Vaise à Perrache.................	10 novembre 1856 ;
D'Arvant à Brioude..................	1er mai 1857 ;
De Dôle à Salins....................	16 mai 1857 ;
Raccordement de Givors..............	6 juin 1857 ;
De Saint-Germain à la Palisse.........	13 juin 1857 ;
De Besançon à Belfort...............	1er juin 1858.

SITUATION FINANCIÈRE DE 1857.

Le passif de la Compagnie s'élevait, au 31 décembre 1857, à 951 285 783 fr. 21 c., savoir :

Fonds social et subventions...........	347 888 923 f. 20 c.
Emprunts de l'ancien réseau..........	299 557 191 56
Id. du nouveau réseau.........	248 453 104 85
Amortissements divers...............	1 056 072 12
Créditeurs divers....................	23 515 299 64
Intérêts échus et arriérés à payer.....	8 639 344 05
Comptes de réserves.................	2 924 829 06
Liquidation de l'exercice : solde créditeur............................	19 251 018 03
	951 285 783 f. 21 c.

La totalité des dépenses effectuées jusqu'au 31 décembre 1857 était de 852 400 593 fr. 37 c., savoir :

ÉTABLISSEMENT DE L'ANCIEN RÉSEAU.

1° *Administration centrale*........... 3 872 405 f. 25 c.

2° *Lignes en exploitation.*

De Paris à Lyon	199 193 641 f. 59 c.	
De Lyon à Marseille .	148 473 664 15	
Lignes de la rive droite du Rhône	38 534 053 56	
Embr. d'Auxerre....	4 223 720 22	439 810 454 76
Dijon à Besançon, et Gray et Salins....	41 238 104 15	
Embranch. d'Aix....	6 827 271 13	
Chemin de ceinture..	1 320 000 00	

3° *Matériel.*

Matériel............	76 947 104 53	85 608 714 39
Approvisionnements .	8 661 609 86	

4° *Lignes en construction.*

Besançon à Belfort..	22 664 232 67	
Marseille à Toulon...	28 586 386 18	51 539 918 43
Études.............	289 299 58	

ÉTABLISSEMENT DU NOUVEAU RÉSEAU.

Concessions de 1857.

Bourbonnais.........	194 325 444 86	
Lignes provenant du Grand-Central	76 711 149 69	271 629 800 54
Études diverses.....	298 613 22	
Frais généraux......	293 897 77	

Quant à l'actif, il se formait des sommes suivantes :

Capital à réaliser.....................   59 068 728   99
Exécution du traité avec l'ancienne
    Compagnie de Lyon à Avignon (con-
    cession de 1846.)..................   4 582 885   38
Débiteurs divers.....................   13 989 125   82
Caisse et portefeuille................   21 184 449   65

                Total...........   951 285 783 f. 21 c.

Les *dépenses faites* en 1857 sur les lignes de l'ancien réseau entrent dans ce chiffre pour une somme de 53 203 366 fr. 83 c., savoir :

Ligne principale, section nord.........   5 191 515 f. 75 c.
    —   section sud..........   5 178 882   02
Lignes de la rive droite du Rhône......   3 320 858   75
Embranchement d'Auxerre.............   390 310   46
    —   d'Aix, solde des travaux.   960 252   85
Dijon à Besançon et embranch. de Gray.   2 087 711   20
Besançon à Belfort....................   10 116 603   33
Dôle à Salins 1 720 859   01
Marseille à Toulon 12 276 056   24
Dôle à Bourg et à Châlon (études) 114 512   80
Chemin de ceinture, divers travaux....   40 000   00
Matériel roulant, section nord.........   4 595 413   42
    —   section sud..........   5 706 494   92
Propriété privée de la Chaussée-d'Antin,
    payements et installation............   1 210 000   00
Frais généraux, section nord et section
    sud 293 896   08

                          53 203 366 f. 83 c.

Les *dépenses faites* en 1857 sur les lignes du nouveau réseau s'élèvent à la somme de 43 228 226 fr. 26 c., savoir :

Paris à Lyon par le Bourbonnais.......   32 640 099 f. 97 c.
Saint-Germain-des-Fossés à Brioude....   424 689   41
Firminy à Saint-Étienne...............   2 629 315   21
Études.................................   165 298   24

                Total...............   35 859 402   83

Intérêts servis aux obligations émises
    pour les lignes du Bourbonnais et du
    Grand-Central , déduction faite des
    produits nets des sections exploitées...   7 368 823   43

Total de la dépense pour l'exercice 1857..   43 228 226 f. 26 c.

On peut évaluer comme il suit les *dépenses à faire* en 1858 sur les lignes de l'ancien réseau :

Section nord , y compris Besançon à
    Belfort ....   9 170 000 f. 00 c.
Section sud, y compris Marseille à Tou-
    lon 21 000 000   00
Matériel roulant.....................   10 400 000   00

                Total...............   40 570 000   00

A ce chiffre il faut ajouter la moitié de la dépense à faire aux abords de Lyon pour établir la jonction entre la ligne de Paris à la Méditerranée et celle de Genève, dépense qui est évaluée à cinq millions . soit, pour la part de la compagnie 2 500 000   00

                          43 070 000 f. 00 c.

Celles du nouveau réseau sont évaluées à 45 200 000 fr. 00 c., répartis ainsi qu'il suit :

Ligne du Bourbonnais, section de Moret
    à Nevers..........................   6 500 000 f. 00 c.
Ligne du Bourbonnais, section de Nevers
    à Roanne..........................   8 500 000   00
Ligne du Bourbonnais, section de Roanne
    à Lyon............................   11 700 000   00
Saint-Germain-des-Fossés à Brioude....   500 000   00
Saint-Étienne à Firminy..............   5 500 000   00
Embranchement de Privas............   1 500 000   00
Subvention pour le réseau pyrénéen....   2 000 000   00
Études diverses, projets, frais généraux.   1 000 000   00

                Total...............   37 200 000   00

Intérêts à servir aux obligations émises
    pour le rachat ou pour l'exécution
    des lignes nouvelles, déduction faite
    des produits nets des sections exploi-
    tées, environ.....................   8 000 000   00

Total général des dépenses prévues pour
    les lignes du nouveau réseau en 1858.   45 200 000 f. 00 c.

Les ressources à valoir en 1858 se composent de 42 775 360 fr. restant à verser sur l'émission de 115 500 actions nouvelles, et d'une somme de 40 500 000 fr. d'obligations nouvelles.

EXPLOITATION DE L'ANNÉE 1857.

Les recettes de l'exploitation en 1857 ont été, déduction faite de l'impôt et des dépenses d'ordre, pour l'ancien réseau, de. . . . .   76 610 255 fr. 16 c.
Les *dépenses* , de. 30 345 216   62

Le *produit net* a donc été de.   46 265 038   54

En 1856, les recettes brutes
s'étaient élevées à. 72 708 696   35
Et les dépenses à. 26 509 693   03

Le produit net avait été, par
conséquent, de. . . . . . . 46 199 003 fr. 32 c.

Les charges des lignes nouvelles, dans leur état actuel de morcellement, ayant absorbé leurs produits et au delà, il n'y a pas eu lieu de tenir compte, dans la liquidation de l'exercice 1857, des résultats de l'exploitation du nouveau réseau. L'insuffisance des recettes, pour 1857, est de 7 368 823 fr. 43 c. (somme portée au compte d'établissement). Le chiffre des charges a été pour 1857 de 13 841 381 fr. 69 c., et les produits nets de l'exploitation atteignent seulement le chiffre de 7 368 823 fr. 43 c. (Voir ci-dessous).

Le produit net de l'exploitation est en 1857, comme
nous avons vu ci-dessus, de. 46 265 038 fr. 54 c.
Auxquels il faut ajouter pour
solde de compte, placement
de fonds. 2 369 909   00
Solde, reste disponible de 1856.   42 181   86

     Ensemble. . . . . 48 677 119 fr. 40 c.

Cet excédant a reçu les affectations suivantes :

Intérêts des obligations 3 et 5 pour 100,
   Paris à Lyon. . . . . 7 218 970 f. 00 c.
Intérêts des obligations 3 et 5 pour 100,
   Lyon à la Méditerranée. 6 597 233   75
Intérêts servis aux actions nouvelles. 721 875   00
Amortissement des emprunts, Paris à
   Lyon. 908 511   69
Amortissement des emprunts, Lyon à la
   Méditerranée. 421 249   12
Impôts du timbre 356 104   60
Frais généraux. 549 217   55
Caisse des retraites. 150 351   51

                    16 923 513 f. 22 c.

     Reste net. 31 735 616   18
A porter à la réserve, 3 pour 100 de
   cette somme. 952 608   48

     Reste disponible. . . . . . 30 801 007 f. 70 c.

Le *dividende* a été pour 1857 de 53 fr. par action, soit, pour 577 500 actions. 30 607 500 fr. 00 c.

Reste à reporter à l'exercice
suivant. . . . . 193 507 fr. 70 c.

Les 76 610 255 fr. 16 c. de recette pour l'ancien réseau se décomposent de la manière suivante :

Grande vitesse (y compris l'impôt du 10ᵉ).

Voyageurs. . . . . 33 167 929 f. 97 c. ⎫
Bagages et chiens . . . 1 171 585   00   ⎬ 40 719 430 f. 22 c.
Messageries, finances,   ⎪
   voitures, chevaux.. 6 379 915   25   ⎭

Petite vitesse.

Marchandises et houil-
   les. . . . . 39 717 735   87 ⎫
Voitures, chevaux,   ⎬ 40 739 600   17
   bestiaux. . . . . 795 973   67 ⎪
Magasinages. . . . . 225 890   63 ⎭

Recettes diverses.

Factage, camion-
   nage, chemin de
   ceinture. . . . . 1 307 895   35 ⎫
Produits divers. . . . . . 789 064   68 ⎬ 2 359 202   6
Produits du domaine. 262 242   23 ⎭

     Total. 83 818 233   15
Déduction de l'impôt
   du 10ᵉ. . . . . 4 361 086   17 ⎫
                                ⎬ 7 207 977   99
Et des dépenses d'or-
   dre . . . . 2 846 891   82 ⎭

     Reste . . . . 76 610 255 f. 16 c.

Dans le chiffre des recettes, les produits du chemin de fer de ceinture se montent pour la part afférente à la Compagnie à 145 093 fr. 61 c.

Le tonnage du chemin de fer de ceinture s'est élevé à 973 000 tonnes, c'est-à-dire à 66 000 tonnes de plus qu'en 1856. Sur ce nombre, 296 000 tonnes ont été en provenance ou en destination des lignes exploitées par la Compagnie.

Pendant le même exercice, les dépenses de l'exploitation se sont réparties comme il suit :

Frais généraux et administration centrale.

Direction, secrétariat,
   contrôle, compta-
   bilité, caisse. . . . . . 649 341 f. 01 c. ⎫
Surveillance adminis-   ⎪
   trative . . . . 154 719   00 ⎪
Contributions direc-   ⎪
   tes. . . . . 227 049   16 ⎬ 5 845 984 f. 21 c.
Imprimés, indemni-   ⎪
   tés, secours, dé-
   penses diverses. . . . 453 788   87 ⎪
Impôt du 10ᵉ sur les   ⎪
   transports à grande
   vitesse . . . . 4 361 086 , 17 ⎭

     A reporter. . . . . 5 845 984 f. 51 c.

Report.... 5 845 984 fr. 21 c.

Mouvement et service commercial.

Personnel du mouvement des gares et des trains	7 105 515	28	
Personnel du service commercial, du factage et du camionnage............	935 461	20	
Éclairage et chauffage des gares et des trains............	659 147	83	
Entretien du mobilier, location de chevaux, imprimés, affiches	2 100 591	72	
Subventions aux omnibus et correspondances...........	1 273 670	64	
Indemnités pour pertes et avaries......	410 418	94	
Assurances contre l'incendie	138 190	88	

12 622 996 49

Matériel et traction.

Personnel et dépenses générales.....	3 033 507	44
Combustible	4 825 901	58
Entretien des machines et tenders.....	3 150 464	58
Entretien des voitures et wagons	2 316 831	84

13 326 705 44

Surveillance et entretien de la voie.

Personnel et bureaux.	246 641	33
Piqueurs, surveillants et gardes.........	1 221 202	88
Ouvriers pour l'entretien de la voie	1 548 233	04
Terrassements, bâtiments, matériaux de la voie........	2 741 441	22

5 757 508 47

37 553 194 61

Déduction de l'impôt du 10ᵉ et des dépenses d'ordre................... 7 207 977 99

Reste.... 30 345 216 f. 62 c.

L'augmentation des recettes brutes en 1857 a été de 3 901 558 81.

Cette augmentation est bien moindre que celle que faisaient espérer les résultats obtenus dans le premier semestre.

En effet, la comparaison des recettes des deux exercices par périodes semestrielles s'établit de la manière suivante :

	RECETTES non compris l'impôt, mais y compris les dépenses d'ordre.		DIFFÉRENCE en
1ᵉʳ SEMESTRE.	1856.	1857.	1857.
Grande vitesse et recettes diverses......	16 737 385 02	17 672 606 37	+ 935 221 35
Petite vitesse..	15 270 038 67	21 749 522 76	+ 6 479 484 09
Totaux....	32 007 425 69	39 422 129 13	+ 7 414 705 44
2ᵉ SEMESTRE.			
Grande vitesse et recettes diverses	20 825 939 60	21 117 672 96	+ 291 733 36
Petite vitesse..	21 795 501 98	18 917 344 89	— 2 878 157 09
Totaux....	42 621 441 58	40 035 017 85	— 2 586 423 73
Année entière.	74 628 865 27	79 457 146 98	+ 4 828 281 71
Dépenses d'ordre........	1 920 168 92	2 846 891 82	+ 926 725 90
Recettes brutes effectives....	72 708 696 35	76 610 255 16	+ 3 901 558 81

Il résulte des indications fournies par ce tableau que, pendant les six derniers mois de l'année 1857, les recettes de la grande vitesse n'ont éprouvé qu'une augmentation insignifiante et très-inférieure à celle qu'aurait dû produire, dans des circonstances ordinaires, le développement normal de la circulation. Quant aux recettes de la petite vitesse, elles ont subi une forte dépression, non-seulement par rapport à celles de la période correspondante de 1856, mais encore par rapport à celles du premier semestre. Cette dernière circonstance est un fait tout exceptionnel, le second semestre de l'année étant, dans les conditions normales, de beaucoup plus productif que le premier.

« Il est à peine nécessaire de signaler les causes qui ont réagi d'une manière si défavorable sur les produits du trafic, disait le rapport du Conseil d'administration. Notre ligne, qui puise dans le commerce maritime un des éléments les plus importants et les plus productifs de ses transports, devait être des premières atteinte par la crise, et l'on comprend aisément qu'elle s'en soit ressentie d'autant plus fortement qu'elle avait pris une part plus large à la prospérité commerciale de ces dernières années.

« Le temps d'arrêt qui s'est produit dans le progrès jusque-là si régulier et si rapide de nos recettes est certainement très-regrettable ; mais si l'on tient compte de la gravité de la crise commerciale, on sera tenté de s'étonner que les recettes n'en aient pas été plus gravement affectées. Ce résultat est dû au développement du trafic intermédiaire qui est venu combler en partie le déficit qu'a causé le ralentissement des transports alimentés par le commerce maritime.

« Il suffit, pour constater ce fait, de rapprocher le nombre, les produits et les parcours des transports pendant les deux années 1856 et 1857.

« Ces rapprochements donnent les résultants suivants :

1° VOYAGEURS. — RÉSEAU NORD.

	Nombre.	Produit total.	Parcours moyen.	Produit moyen.
1857......	4 497 440	18 794 950	72 kil.	4 f. 18
1856......	4 041 397	18 327 300	79	4 53
Diff. en 1857	+ 456 043	+ 467 656	— 7 kil.	— 0 f. 35

« Ainsi, tandis que le nombre des voyageurs a augmenté de 11 pour 100, le parcours moyen a diminué de 9 pour 100, et le produit moyen de 8 pour 100.

RÉSEAU SUD.

	Nombre.	Produit total.	Parcours moyen.	Produit moyen.
1857......	3 050 228	10 818 759	60 kil.	3 f. 55
1856......	2 873 053	10 761 689	73	3 75
Diff. en 1857	+ 177 175	+ 57 060	—13 kil.	— 0 f. 20

« L'augmentation du nombre des voyageurs a donc été de 6 pour 100, tandis que le parcours moyen a diminué de 21 pour 100, et le produit moyen de 6 pour 100.

« A cette occasion, nous rappellerons que les produits du service des voyageurs ont été atténués, en 1857, par la réduction au quart du tarif des taxes applicables aux militaires et aux marins. Le nouveau tarif a été mis en vigueur à la fin d'août, et la différence entre le tarif du quart et le tarif de moitié, appliqué précédemment, ne s'élève pas à moins de 500 000 fr. pour les quatre derniers mois de l'exercice.

2° MARCHANDISES. — RÉSEAUX SUD ET NORD.

	Tonnage enregistré.	Produit total.	Parcours moyen d'une tonne.	Produit moyen par tonne.
1857......	2 899 647	39 717 735 87	190 k.	13 70
1856......	2 505 509	36 214 301 04	210	14 45
Diff. en 1857	+ 394 138	+ 3 503 434 83	—20 k.	— 0 75

« Il résulte de ce tableau que, tandis que le tonnage a augmenté de 13 1/2 pour 100, le parcours moyen a diminué de 10 pour 100, et le produit moyen kilométrique de 5 1/2 pour 100.

« Si la réduction occasionnée dans les recettes brutes par la diminution des transports à grande distance a été compensée et au delà par l'accroissement du trafic à faible parcours, il n'a pu en être de même pour les recettes nettes. En effet, les frais de gare et de manutention, qui entrent dans les dépenses d'exploitation pour un chiffre très-élevé, sont proportionnels au tonnage enregistré, et indépendants du parcours. Il résulte de là que, toutes choses égales d'ailleurs, la réduction du parcours moyen a pour conséquence nécessaire une augmentation dans la proportion des dépenses par rapport aux recettes, c'est-à-dire, en définitive, une réduction du produit net.

En somme, bien que les recettes brutes aient éprouvé une augmentation notable en 1857, le produit net n'a pas été sensiblement plus élevé qu'en 1856. En effet, en 1856, le trafic s'est développé, du commencement à la fin de l'année, d'une manière régulière et continue, tandis qu'en 1857, à l'inverse de ce qui a lieu dans les circonstances normales, le progrès des recettes s'est brusquement arrêté dès le commencement du second semestre.

En temps ordinaire, c'est toujours la seconde

partie de l'année qui fournit les produits nets les plus considérables, eu égard à la recette totale ; et, comme les dépenses d'exploitation, dont le chiffre dépend surtout de l'organisation générale du service, ne varient pas sensiblement dans le cours de l'année, les augmentations de produits obtenues dans l'automne forment ainsi, pour la presque totalité, un bénéfice net.

Il résulte de là que, lorsque le trafic suit son cours régulier, la proportion des dépenses aux recettes, très-élevée comparativement dans le premier semestre, s'abaisse progressivement dans le second, à mesure que l'activité de la circulation s'accroît. Il n'a pu en être ainsi en 1857, puisqu'au lieu d'un progrès on a eu à constater un ralentissement aux époques ordinairement les plus productives. La proportion des dépenses aux recettes a dû, par conséquent, rester ce qu'elle était dans la première partie de l'année, c'est-à-dire dans la période qui présente toujours, sous ce rapport, les résultats les moins favorables.

Le rapport lu à l'assemblée générale des actionnaires, le 30 avril 1858, contient les renseignements suivants sur le nouveau réseau :

« Trois sections du nouveau réseau concédé à la Compagnie, par décret du 19 juin 1857, sont aujourd'hui livrées à l'exploitation. Ce sont :

« 1° La section de Nevers à la Palisse, de 122 kilom. de longueur et appartenant à la ligne de Paris à Lyon par le Bourbonnais ;

« 2° La section de Roanne à Lyon par Saint-Étienne, de 136 kilom., connue sous la dénomination de réseau de Rhône-et-Loire.

« 3° La section de Saint-Germain-des-Fossés à Brioude, de 135 kilom., provenant de l'ancien réseau du Grand-Central.

« Les deux premières sections, dépendant de la concession faite à l'ancienne société du Bourbonnais, ont été exploitées par les soins de cette société, mais pour le compte de notre compagnie, pendant les six premiers mois de 1857. Elles ont été exploitées par la Compagnie pendant les six derniers mois.

« La troisième section a été exploitée par la compagnie du Grand-Central, et pour son compte, jusqu'au 30 juin, et par notre compagnie, du 1er juillet au 31 décembre 1857.

« Les recettes brutes de toute nature, déduction faite de l'impôt du dixième sur les transports en grande vitesse et des taxes, se sont élevées, savoir :

Sur la 1re section, pour l'année entière,
à.................................... 2 375 518 f. 20 c.
Sur la 2e section, pour l'année entière, à.   10 308 615   24
Sur la 3e section, pour les six derniers
mois, à..........................   995 306   82

Total..................... 13 679 470   26

Les dépenses de toute nature sur les mêmes sections, et pour les périodes d'exploitation ci-dessus indiquées, ont été :

Sur la 1re section, de.   1 666 415 f. 39 c.
Sur la 2e   —   de.   4 826 935   50
Sur la 3e   —   de.   713 561   11

Total des dépenses............   7 206 912   00

Les recettes nettes sont ainsi de .... 6 472 558 f. 26 c.

« La proportion des dépenses aux recettes brutes est considérable ; mais on n'en sera pas étonné, si l'on tient compte et de la gêne qu'ont apportée les travaux en cours d'exécution à l'exploitation de la section la plus productive, celle de Rhône-et-Loire, et du faible produit kilométrique des deux autres sections.

« Les résultats seront plus satisfaisants à mesure que les nouvelles lignes seront mises en communication immédiate, et surtout à partir de l'époque où elles pourront être soumises à une exploitation unitaire. »

DÉTAILS STATISTIQUES.

LONGUEUR MOYENNE DE CHEMIN EXPLOITÉE PENDANT L'ANNÉE 1857.

	LONGUEUR	
	réelle.	rapportée à l'année entière.
Ligne principale de Paris à Marseille...	863 k.	863 k.
— de Dijon à Besançon............	162	148
Lignes de la rive droite du Rhône.....	171	171
Embranchement de La Roche à Auxerre.	20	20
— de Chasse à Givors..	3	3
— de Rognac à Aix....	26	26
	1245 k.	
Longueur moyenne exploitée pendant 1857	....	1231 k.

Parcours des Trains et du Matériel.

Trains de voyageurs..............	6543935 kilom.
— de marchandises...........	4647497 —
Parcours total des trains...	**11191432 kilom.**
Machines à voyageurs............	6738436 kilom.
— à marchandises.........	5180536 —
Parcours total des machines.	**11918972 kilom.**
Voitures et wagons des trains de voyageurs.......................	64003238 kilom.
Wagons à marchandises et à houille.	162197071 —
Parcours total des voitures et wagons.	**226200309 kilom.**

Recettes moyennes par kilomètre de longueur de chemin
(Déduction faite des recettes d'ordre).

Voyageurs...........................	24056 fr.	64c.
Bagages, messageries, marchandises, etc.	37205	63
Recettes diverses....................	971	89
	62234 fr.	**16c.**

Dépenses moyennes par kilomètre de longueur du chemin
(Déduction faite des dépenses d'ordre).

Dépenses générales de l'exploitation....	9147 fr.	86c.
Matériel et traction...................	10825	91
Entretien et surveillance de la voie.....	4677	09
	24650 fr.	**86c.**

Produit net par kilomètre.....	37583 fr. 30c.
Rapport de la dépense à la recette brute...	39600/0.

Parcours et produit moyen d'une tonne de marchandises.

Nombre de tonnes enregistrées....	2684506 tonnes.
Nombre de tonnes transportées à un kilomètre.....................	572790307 —
Parcours moyen d'une tonne......	213 kilom.
Produit total du transport des marchandises........................	39717735 fr. 87 c.
Produit moyen par tonne.........	14 fr. 79 c.
Tarif moyen par tonne...........	0 fr. 06 c. 93

Recette moyenne d'un train par kilomètre de parcours.

TRAINS DE VOYAGEURS.

Voyageurs (déduction faite de l'impôt du dixième)	4 fr. 52 c*
Messageries, bagages, voitures, chiens, etc. (dito).	1 03
	5 fr. 55 c.

TRAINS DE MARCHANDISES.

Marchandises et houilles...	8 fr. 59 c.
Voitures, chevaux et bestiaux	» 17
	8 fr. 76 c.

ENSEMBLE DES TRAINS.

Recette moyenne...........................	6 fr. 89 c.
Id. Recettes diverses	» 21
	7 fr. 10 c.

Dépense moyenne d'un train par kilomètre de parcours.

Dépenses générales de l'exploitation...........	1 fr. 26 c.
Matériel et traction........................	1 19
Entretien et surveillance de la voie...........	» 51
	2 fr. 96 c.
Recette nette d'un train par kilomètre de parcours.	4 fr. 14 c.

[PARCOURS ET PRODUIT MOYEN DES VOYAGEURS PAR CLASSE.

CLASSES.	NOMBRE.	PRODUIT.	PRODUIT moyen d'un voyageur.	PROPORTIONS des classes.		NOMBRE de voyageurs à 1 kilomètre.	PARCOURS moyen d'un voyageur.	TARIF moyen perçu.
				Par 100 voyageurs.	Pour une recette de 100 f.			
			fr. c.					
1ᵉ Classe...........	565047	10303046 34	18.24	7.54	34.80	111682112	197.29	0 fr. 09.22
2ᵉ Classe...........	1112447	5377198 14	4.83	14.91	18.16	81876328	73.60	0 fr. 06.56
3ᵉ Classe...........	5784404	13933470 30	2.41	77.55	47.04	314383179	54.35	0 fr. 04.43
TOTAUX......	7461898	29613714 78	3.97	100 »	100 »	507941619	68 kilom.	0 fr. 05.83

Composition et charge moyenne des trains.

TRAINS DE VOYAGEURS.

Composition moyenne d'un train...	voitures..	9.77
Nombre moyen de voyageurs transportés par train...................	voyageurs	77.62

TRAINS DE MARCHANDISES.

Composition moyenne d'un train...	wagons..	34.89
Charge moyenne d'un train.......	tonnes...	123.24
Charge moyenne d'un wagon à marchandises	tonnes...	3.53

FRAIS DE TRACTION.

	MONTANT des DÉPENSES.	DÉPENSES par kilomètre de parcours	
		des machines.	des trains.
	fr. c.	fr. c.	fr. c.
Personnel	2 557 755 08	0 21 46	0 22 85
Combustibles	4 825 901 58	0 40 49	0 43 12
Graissage et éclairage...	276 313 12	0 02 32	0 02 47
Approvisionnement d'eau	199 439 24	0 01 67	0 01 78
Entretien et réparation des machines	3 150 464 58	0 26 43	0 28 16
Total des dépenses de traction	11 009 873 60	0 92 37	0 98 38
Entretien, réparation et renouvellement des voitures et wagons......	2 316 831 84	»	0 20 70
Total général......	13 326 705 44	0 92 37	1 19 08

Le rapport lu à l'assemblée générale annuelle des actionnaires, le 30 avril 1858, ne renfermant pas de renseignements sur les produits comparés des principales stations et le matériel roulant de la Compagnie, nous extrayons les détails statistiques suivants de celui de 1857 :

Les stations qui présentèrent dans le cours de l'année 1856 les chiffres les plus élevés (pour le transport des marchandises et des voyageurs) furent les suivantes : pour le chemin de fer de Paris à Lyon et embranchements :

1° Paris.......................... 18 105 135 fr. 81 c.
2° Lyon (Vaise) 10 421 301   13
3° Lyon (Perrache) station ouverte le
10 novembre 1856................... 1 862 059   61
4° Dijon......................... 1 785 578   30
5° Besançon (station ouverte le
7 avril 1856.).... .... 896 349   49
6° Dôle 1 140 903   02
7° Montereau..................... .1 125 564   83
8° Châlon-sur-Saône 918 834   70
9° Mâcon........................ 727 706   30
10° Auxerre 630 038   59
11° Montbard..................... 570 629   47
12° Melun........................ 458 350   02

Les stations qui fournirent le plus grand nombre de voyageurs furent les suivantes :

Paris .... 823 515 voy. ayant produit 7 695 825 f. 81 c.
Lyon (Vaise)... 388 926   Idem.   3 425 560   56
Lyon (Perrache) 55 172   Idem.   1 714 392   34
Dijon .... 209 035   Idem.   1 088 849   18
Villefranche ... 169 962   Idem.   245 497   60
Mâcon .... 150 490   Idem.   444 241   76

Châlon........ 138 347 voy. ayant produit 524 328   70
Melun......... 136 354   Idem.   331 575   92
Fontainebleau . 135 877   Idem.   354 899   98
Besançon...... 86 266   Idem.   495 172   38
Brunoy .... 79 285   Idem.   87 985   75
Charenton..... 79 095   Idem.   27 967   65
Belleville...... 77 021   Idem   136 732   35

ÉTAT DES TRAVAUX.

Le rapport officiel du 30 avril 1858 contenait les renseignements que l'on va lire :

ANCIEN RÉSEAU.

Ligne principale. — Paris à Lyon et à Marseille.

Les travaux exécutés sur la grande ligne de Paris à Lyon et à Marseille ont eu principalement pour objet : sur la section nord, l'achèvement des stations de Dijon, Mâcon, Villefranche et Lyon ; sur la section sud, l'agrandissement des stations de Tarascon et de Marseille et l'achèvement de l'embranchement de la Joliette ; sur les deux sections, l'extension des ateliers de réparation.

Tous ces travaux, pour la plupart achevés ou du moins fort avancés, se compléteront en 1858.

Ligne de Tarascon à Cette et embranchement sur Alais et la Grand'Combe.

Les travaux exécutés sur les lignes de la rive droite du Rhône s'appliquent à l'agrandissement et au remaniement de plusieurs stations, entre autres celles d'Alais, Nîmes, Montpellier et Cette, et à la pose de la deuxième voie sur la section de Nîmes à Alais. Ces travaux sont à peu près terminés, sauf la deuxième voie d'Alais, qui s'achèvera en 1858.

Ligne de Dijon à Belfort.

Divers travaux ont été exécutés sur les sections de Dijon à Besançon et d'Auxonne à Gray, pour la consolidation et l'assainissement des principales tranchées et des grands remblais argileux.

L'embranchement sur Salins a été achevé et livré à la circulation le 16 mai 1857. Il ne reste plus, pour compléter cette ligne, qu'à construire les stations définitives de Mouchard et de Salins, ajournées probablement à l'exercice 1859.

Les travaux de la section de Besançon à Belfort ont été poussés activement en 1857[1].

1. Cette section a été ouverte le 1er juin 1858.

Embranchement de Dôle à Bourg et à Châlon-sur-Saône.

En ce qui concerne les embranchements de Dôle à Bourg et à Châlon, on s'est borné en 1857 à continuer l'étude du projet de ces lignes.

Ligne de Marseille à Toulon.

Les travaux de la ligne de Marseille à Toulon avancent rapidement. Les deux grands souterrains sont en ce moment ouverts de part en part, et les autres grands ouvrages de cette ligne difficile sont dans un état d'avancement satisfaisant. La Compagnie compte que la première section, celle de Marseille à Aubagne, pourra être livrée à l'exploitation vers le mois de septembre 1858, et le surplus de la ligne au printemps de 1859.

NOUVEAU RÉSEAU.

Ligne du Bourbonnais.

La ligne de Paris à Lyon par le Bourbonnais, dans laquelle l'ancienne Compagnie de Paris à Lyon était déjà intéressée pour un tiers, et qui, par suite de la rétrocession des parts appartenant aux Compagnies d'Orléans et du Grand-Central, est entrée en entier dans le domaine de la Compagnie de Paris à Lyon et à la Méditerranée, se compose de trois sections.

La première section, de Lyon à Roanne par Saint-Étienne, de 136 kilom. de longueur, est en exploitation depuis longtemps; elle vient d'être entièrement reconstruite; il ne reste, pour compléter cette reconstruction, qu'à achever les bâtiments des gares et des stations.

La seconde section, de Roanne à Nevers, de 168 kilom. de longueur, est déjà en exploitation sur 121 kilom., de Nevers à la Palisse; le surplus pourra être livré à l'exploitation prochainement. Toutefois, le pont sur la Loire, à Roanne, destiné à réunir la première et la deuxième section, ne pourra être achevé qu'en septembre 1858.

Enfin, la troisième section se compose de la ligne de Nevers à Moret et de l'embranchement sur Corbeil. Toutes les dispositions sont prises pour que les travaux soient attaqués vigoureusement, pendant la campagne actuelle, sur divers points de la ligne de Nevers à Moret. Déjà ils viennent d'être adjugés entre Montargis et Moret, ainsi qu'aux abords de Nevers, et l'on s'occupe de l'acquisition des terrains sur cette partie. Les travaux de la ligne de Nevers à Moret ne présentant aucune difficulté sérieuse, la Compagnie espère qu'ils pourront être terminés dans le courant de l'année 1860.

Saint-Germain-des-Fossés à Brioude.

Parmi les lignes provenant de l'ancienne Compagnie du Grand-Central, celle de Saint-Germain-des-Fossés à Brioude, d'une longueur totale de 125 kilom., est entièrement livrée à l'exploitation. Les travaux exécutés sur cette ligne en 1857 sont de peu d'importance; ils s'appliquent principalement à l'achèvement des ateliers et du dépôt de Clermont, et à quelques améliorations imposées par l'administration publique.

Saint-Étienne à Firminy.

Sur le surplus des lignes provenant du Grand-Central, la seule partie qui soit en cours d'exécution est celle de Saint-Étienne à Firminy, de 13 kilom. de longueur. Les travaux de cette ection, qui présente un grand intérêt comme affluent du réseau de Saône-et-Loire, sont fort avancés, et elle pourra être livrée à l'exploitation dans le courant de l'exercice 1858.

Concessions éventuelles.

L'art. 8 de la convention du 11 avril 1857 concède éventuellement à la Compagnie de Paris à Lyon et à la Méditerranée divers embranchements. Le délai d'exécution est de huit années à partir des décrets de concession définitive à intervenir. Dans le cas où les décrets de concession de quelques-unes de ces lignes n'auraient pas été rendus dans un autre délai de huit années à partir du décret du 19 juin 1857, la concession est annulée en ce qui les concerne. Dans l'esprit de la convention, ces lignes ne doivent être exécutées qu'autant que l'utilité en aurait été démontrée par les études qui vont être faites, et en second lieu, l'exécution, en la supposant décidée, peut être répartie sur une période de seize ans.

Deux de ces lignes appellent en ce moment, d'une manière particulière, les études des ingénieurs de la Compagnie. Ce sont, d'une part, l'embranchement de Toulon à Nice, destiné à compléter l'artère principale en poussant la ligne de Paris à Marseille jusqu'à la frontière d'Italie ; et, de l'autre, l'embranchement de Privas, qui dessert les usines importantes de la Voulte et du Pouzin, et les riches mines de fer de Privas.

CHEMIN FRANCO-SUISSE.

La fusion projetée de plusieurs chemins de fer suisses n'a point abouti, et le chemin de fer franco-suisse, auquel la Compagnie est intéressée pour une somme de 2 millions, est demeuré, comme tous les autres, à l'état d'isolement. Les travaux de ce chemin, commencés il y a environ deux ans, ont été poursuivis avec activité pendant la campagne de 1857, et la ligne du littoral, de Vaumarcus à Neufchâtel et de Neufchâtel à la frontière bernoise, sera terminée à la fin de 1858, ou au commencement de 1859. On travaille également à la section des Verrières à Neufchâtel, et c'est en vue de l'achèvement, à la fin de 1859, de cette section que la Compagnie a décidé de la prolonger sur le territoire français jusqu'à Pontarlier.

La ligne du littoral de Vaumarcus à la Neuveville (frontière bernoise) fait partie de la grande ligne de Genève à Bâle et à Zurich. Elle est exécutée dans d'excellentes conditions de tracé, et elle communiquera, par la branche des Verrières, avec le réseau de la Compagnie, et, par conséquent, avec toute la France centrale.

CONSEIL D'ADMINISTRATION.

SECTION NORD DU RÉSEAU.

MM. Dassier (Aug.), ✽, président ; — Hottinguer (H.), ✽, vice-président ; — André (Ernest), ✽ ; — Baring (F.) ; — Dufour (Louis) ; — Galliera (duc de) ; — Girod (de l'Ain), ✽ ; — Gouin (Alex.), ✽ ; — Mallet (Ch.) ; — De Monicault, O. ✽ ; — Pereire (Isaac), O. ✽ ; — Poisat, ✽ ; — Rothschild (baron Gustave de) ; — Schneider, G. O. ✽ ; — Seillière (baron) ; — Vaulchier (comte de).

M. Chaperon, ✽, directeur.

M. G. Réal, ✽, secrétaire général.

Le siége de l'Administration est à Paris, rue de la Chaussée-d'Antin, 7.

SECTION SUD DU RÉSEAU.

MM. Dumon (S.), G. O. ✽, président ; — Benoist-d'Azy (Vte), ✽, vice-président ; — Bartholony, ✽ ; — Blount, ✽ ; — Enfantin ; — Grandeffe (comte de), ✽ ; — Hély-d'Oissel, ✽ ; — Hochet (Jules), ✽ ; — Martin (Émile), O. ✽ ; — Parent ; — Pérignon, ✽ ; — Revenaz, ✽ ; — Rey de Foresta ; — Richard-Lamarche ; — Schaken ; — Siméon (le comte), C. ✽ ; — Simons, ✽ ; — Teisserenc, ✽ ; — Terret ; — Uzielli (Mathieu) ; — West (Gérard), ✽.

M. Broët, secrétaire du conseil.

M. Paulin Talabot, O. ✽, directeur.

M. Audibert, ✽, directeur de l'exploitation.

Le siége de l'Administration est à Paris, rue Laffitte, 17.

COMMISSION MIXTE.

MM. Dassier ; — Hottinguer ; — Dufour ; — Mallet ; — Seillière ; — Dumon ; — Benoist-d'Azy ; — Rey de Foresta ; — Simons ; — Teisserenc.

CHEMIN DE FER DE LYON A GENÈVE [1].

LE RÉSEAU.

Le chemin de fer de Lyon à Genève a été concédé pour 99 ans, le 30 avril 1853, à MM. Bartholony, Benoist-d'Azy, duc de Galliera, Blount, Jayr, etc., aux conditions suivantes :

Le gouvernement français accordait aux concessionnaires une subvention de 15 millions et le gouvernement suisse une subvention de 2 millions, ensemble 17 millions ; moyennant lesquels la Compagnie s'engageait à exécuter à ses frais, risques et périls, dans un délai de six années, un chemin de fer de Lyon à Genève avec embranchement se détachant d'Ambérieux sur Bourg, et se reliant à Mâcon au chemin de fer de Paris à Lyon. La garantie d'intérêt par l'État était de 3 pour 100 d'un capital de 50 millions de francs. Après l'ouverture de la ligne entière, l'État entrera en partage des bénéfices excédant 8 pour 100 du capital dépensé par la Compagnie. Les actions jouiront d'un intérêt de 4 pour 100 du capital versé pendant la durée des travaux.

La convention faite par la Compagnie avec le conseil d'État du canton de Genève pour la concession d'une ligne de Genève à Versoix porte la date du 27 octobre 1852 ; la ratification par l'assemblée fédérale de cette Confédération, celle du 2 février 1854. Aux termes de cette convention, la prorogation de la société devra être demandée de trente ans en trente ans au gouvernement fédéral, les lois suisses ne permettant pas d'autoriser une société anonyme pour plus de trente années.

Le 8 décembre 1855, la Compagnie signa une convention avec le chemin de fer sarde Victor-Emmanuel pour le raccordement des deux lignes à Culoz.

Par une convention en date du 8 décembre 1855 la Compagnie de Lyon à Genève et celle de Lyon à la Méditerranée doivent se fusionner en une seule deux ans après la mise en exploitation de la longueur totale de la ligne de Lyon à Genève. Le capital sera partagé entre les deux Compagnies au prorata des produits nets de l'exploitation pendant l'exercice qui précédera la fusion [2]. La ligne de Genève n'étant qu'à ses débuts, sa recette brute sera comptée avec 36 pour 100 d'augmentation ; le produit net sera évalué par une déduction fixe de 40 pour 100 du produit brut. Ce traité de fusion a été approuvé par le gouvernement en 1856.

En attendant l'époque fixée pour la fusion, la Compagnie de Paris à la Méditerranée a été chargée de la traction sur la ligne de Lyon à Genève et sur son embranchement de Mâcon. Il est convenu de plus que, jusqu'à la fusion définitive, la Compagnie de Paris à la Méditerranée ne pourra abaisser, sans le consentement préalable de la Compagnie de Lyon à Genève, les tarifs des transports pour les sections de Lyon à Dijon et de Dijon à Besançon. Cet engagement, que la Compagnie de Lyon à Genève a pris également de son côté, a pour but d'éviter une lutte de tarifs entre les deux Compagnies à l'occasion des transports de Lyon vers le nord de la Suisse.

Le raccordement de la ligne de Lyon à Genève avec celle de Lyon à la Méditerranée par les Brotteaux et la Guillotière a été concédé à la Compagnie par décret du 7 mars 1857 sous deux conditions :

1° Construction d'un viaduc de décharge ;

2° Participation pour une somme de 200 000 fr. dans les frais d'établissement d'une digue insub-

---

1. Cette ligne appartient à la Compagnie de Lyon à la Méditerranée (voir page 61) ; mais elle est encore pour quelques années complétement séparée de l'ensemble du réseau et administrée à part.

2. Il résulte du rapport lu à l'Assemblée générale des actionnaires, le 27 avril 1858, que les deux années d'exploitation complète du réseau seront 1859 et 1860. La valeur définitive du chemin de Lyon à Genève sera donc calculée sur les produits de cette dernière année.

CHEMIN DE FER DE LYON ET SES PROLONGEMENTS.

Dressé par A. H. Dufour, sous la Dion d'Ad. Joanne.

Kilomètres.

Gravé par Primaut-Rousset.

mersible des quais de Lyon jusqu'aux coteaux de Villeurbane.

Le même décret du 7 mars 1857 maintenait la condition du cahier des charges qui s'oppose à ce que le montant des obligations excède celui des actions; il en résultait momentanément du moins, que la Compagnie de Lyon à Genève ne pouvait emprunter plus de 40 millions. Pour parer aux insuffisances résultant de cet empêchement, la compagnie de Lyon à la Méditerranée s'est engagée à mettre à la disposition de la Compagnie de Lyon à Genève le capital nécessaire à l'achèvement de ses travaux, en outre des 15 000 000 fr. formant l'emprunt autorisé par la décision ministérielle du 6 avril 1857.

La Compagnie de Lyon à Genève a cédé en 1858 le tronçon de Genève à Versoix à la Compagnie du chemin de fer de Lausanne à Fribourg, moyennant le remboursement des dépenses faites ou à faire pour sa construction et le payement de la somme de 1 500 000 fr.

Le réseau de la Compagnie de Lyon à Genève est donc actuellement composé ainsi qu'il suit :

Ligne principale de Lyon à Genève.........	160 kil.
Embranchement d'Ambérieux à Mâcon......	69 kil.
Embranchement de Culoz..................	Mémoire.
Raccordement avec le chemin de Lyon à la Méditerranée...........................	Mémoire.

Les sections suivantes ont été successivement livrées à l'exploitation :

De Lyon à Bourg..........	75 kil.	le 23 juin	1856.
D'Ambérieux à Seyssel.....	65 kil.	le 5 mai	1857.
De Bourg à la Saône.......	34 kil.	le 16 juin	1857.
De la Saône à Mâcon......	2 kil.	le 20 juillet	1857.
De Seyssel à Genève.......	52 kil.	le 26 mars	1858.
Le raccordement avec le chemin sarde Victor-Emmanuel..		août	1858.
227 kil.			

SITUATION FINANCIÈRE EN 1857.

D'après le rapport du 27 avril 1858, la situation financière de la Compagnie s'établissait ainsi :

Fonds social, 80 000 actions. 40 000 000 »
Subvention du Gouvernement français... 15 000 000 »   }   57 000 000 »
Id. du canton de Genève................. 2 000 000 »

       A reporter.... 57 000 000 »

Report.... 57 000 000 »

Emprunts : 1ᵉʳ emprunt 3 0/0 87 719 oblig. 24 999 915 »
2ᵉ emprunt, 3 0/0 54 545 obligations.. 14 876 860 49   }   39 876 775 49

       96 876 775 49

A réaliser par les soins de la Compagnie de Paris à Lyon et à la Méditerranée, mais aux frais de la Compagnie de Genève, 3ᵉ emprunt 3 0/0 ... . 11 423 224 51 ci. 11 423 224 51

      Ensemble...... 108 300 000 »

Auxquels il faut ajouter le prix de la rétrocession de Versoix.................... 1 500 000 »

Ce qui porte à 109 800 000 fr. les ressources dont la Compagnie peut disposer.

Les sommes nécessaires à la construction de la ligne de Versoix, ainsi que celles qu'exigera le raccordement de Lyon, seront réalisées par les soins de la Compagnie de Paris à Lyon et à la Méditerranée.

« Les chiffres qui précèdent ne peuvent encore être arrêtés d'une manière définitive, disait le rapport, parce que la négociation du deuxième emprunt n'est pas encore terminée ; elle se poursuit par l'intermédiaire de la Banque de France, qui a ouvert un crédit à un syndicat formé de huit des Compagnies de chemins de fer. La Compagnie du chemin de fer de Lyon à Genève est entrée dans ce syndicat et elle a été comprise pour une somme de cinq millions dans la répartition des fonds à provenir soit des avances de la Banque, soit du produit de la vente des obligations.

« La dépense totale est évaluée à 112 500 000 fr., mais il convient de déduire de ce chiffre la somme afférente au raccordement avec la Compagnie de Paris à la Méditerranée à Lyon, raccordement qui s'exécute à frais communs avec cette dernière Compagnie, mais qui ne doit entrer ni pour la dépense, ni pour la recette, dans les comptes qui serviront à la fusion.

« Cette somme s'élève à. . 2 700 000 fr. 00 c.
et il reste une somme de. . 109 800 000   00
pour la construction d'une ligne de 231 kilom. 5, ce qui donne par kilomètre un chiffre moyen de 474 300 fr., ou en nombre rond 475 000 fr.

« Ce chiffre de dépense moyenne par kilom. de

construction se réduit même pour la Compagnie à 394 300 fr. (en nombre rond à 395 000 fr.), si l'on tient compte des sommes qui viennent en décharge aux dépenses de la Compagnie, savoir :

1° La subvention française.............	15 000 000	»
2° La subvention génevoise..	2 000 000	»
3° Le prix de la rétrocession de Versoix..	1 500 000	»
Ensemble..........	18 500 000	»

« Ce qui réduit le capital à 91 300 000 fr. 00 c. au lieu de 109 800 000 fr. portés ci-dessus. »

Les dépenses faites au 31 décembre 1857 se répartissent de la manière suivante :

Intérêts des actions et obligations...	5 120 505 fr.	46 c.
Frais généraux de la société........	1 028 808	47
Frais généraux des travaux.........	2 050 136	73
Terrains...........................	9 804 480	28
Terrassements, ouvrages d'art, ballastage...........................	46 241 476	49
Stations, ateliers, maisons de garde.	3 587 399	16
Voies en fer, dépendances et pose...	17 233 016	35
Clôtures et plantations..............	327 605	33
Télégraphes.......................	36 423	74
Premier entretien	526 358	87
Matériel d'exploitation et frais préparatoires	8 728 884	63
	94 685 095 fr.	51 c.
Versoix...........................	418 704	67
Total......	95 193 800	18

Les frais généraux de la société, depuis son origine jusqu'à ce jour, s'élèvent à 1 028 808 fr. 47 c. Sur cette somme l'ensemble des dépenses soldées pendant cinq années pour les frais du Conseil d'administration est de 128 500 fr., moins de 26 000 fr. par an; ceux d'abonnement au timbre, de 73 127 fr.

EXPLOITATION EN 1856 ET 1857.

Les diverses sections livrées à l'exploitation dans le courant de l'année 1857 ont donné, déduction faite de l'impôt du dixième payé au Trésor, une recette brute totale de .... 2 632 727 fr. 79 c.

Les dépenses de toute nature de l'exploitation se sont élevées à 1 720 841 95

Le produit net est donc de 911 885 84

Les sommes payées au Trésor pour les impôts sur les transports à grande vitesse s'élèvent à 189 219 fr. 44 c.

Le rapport des dépenses de toute nature faites pour l'exploitation aux recettes brutes s'élève à 65 37 pour 100.

En 1856, le produit net avait été de 281 225 fr. 76 c. et le rapport des dépenses aux recettes de 60 56 pour 100.

« Ces chiffres élevés de 60 56 pour 100 en 1856, de 65 37 pour 100 en 1857, ne représentent pas exactement le rapport des dépenses aux recettes de l'exploitation proprement dite, parce que les premières années sont grevées de frais en quelque sorte préparatoires, qu'on ne peut comprendre dans les dépenses de la construction, car elles n'ont avec celles-ci aucune analogie, mais qui, destinées surtout à hâter les développements du trafic, devraient plutôt être réparties sur plusieurs exercices. Les correspondances établies dans des pays complétement dépourvus jusqu'à ce jour de moyens de transport; les services de réexpédition créés pour les marchandises, figurent au premier rang pour un chiffre considérable dans ces dépenses spéciales. »

La somme des recettes se décompose de la manière suivante :

Voyageurs (nombre, 530 182)	1 469 470 f.	71 c.
Bagages (poids taxé, 815 153 k.)........	38 595	14
Chiens (nombre 3883)................		
Voitures (nombre 100)................	10 260	11
Chevaux (nombre 93)................		
Articles de messageries (poids, 1 764 856 k.)		
Finances (valeurs, 19 350 506 fr. 90 c.)	58 500	94
Omnibus et factages....................	99 100	05
Marchandises à petite vitesse (poids, 77 366 t. 229 k.).....................	583 375	17
Houilles et cokes (poids, 24 923 t. 520 k.).	164 819	90
Bestiaux (10488 têtes)........	18 120	60
Transports pour le compte de la Compagnie	171 605	52
Recettes diverses	18 061	91
Produits du domaine...................	817	84
Total pareil.......	2 632 727 f.	79 c.

Cette somme, répartie sur le nombre moyen de kilomètres exploités pendant l'année entière, donne un chiffre de 19 210 fr. 98 c. par kilom.

Les dépenses se répartissent ainsi qu'il suit :

Frais généraux........................		266 217 f. 36 c.
Entretien des ouvrages et bâtiments................. 14 983 77	} 65 744 59	
Entretien de la voie 50 760 82		
Frais de halage		386 733 04
Entretien des locomotives... 101 304 83		
Entretien des voitures et des wagons des trains rapides. 36 680 57	} 163 247 80	
Entretien des wagons à marchandises.... .... 25 262 40		
Frais spéciaux du service des voyageurs. 689 146 40		
Frais spéciaux du service de la messagerie............ 24 394 06	} 838 899 05	
Entretien du service des marchandises.............. 125 358 59		
Ensemble........		1 720 841 f. 84 c.

Le *nombre des voyageurs* a été de 530 182, dont 30 502 pour la 1re classe, 99 567 pour la 2e, et 400 113 pour la 3e; ils ont produit 1 456 599 fr. 32 c. Quant aux divisions par classes, on a compté : — 5,75 pour 100 de voyageurs de 1re classe, lesquels ont parcouru au total 2 607 455 kilom., soit 85 kilom. 454 mèt. en moyenne par voyageur, et ont produit 8 fr. 32 en moyenne, soit 0,97 cent. par kilom. parcouru; — 18,78 p. 100 de voyageurs de 2e classe, lesquels ont parcouru 5 261 242 kilom., 52 kilom. 841 mèt. par voyageur, et produit 3 fr. 79, soit 0,71 cent. par kilom.; — 75,47 pour 100 de voyageurs de 3e classe, qui ont parcouru 16 588 778 kilom., 41 kilom. 460 mèt. par voyageur, et produit en moyenne 2 fr. 06, ou 0,59 cent. par kilom. parcouru.

Le *tonnage* des marchandises transportées à petite vitesse a été de 77 366 229 tonnes qui ont produit 583 375 fr. 17 c., soit 7 fr. 54 c. par tonne, ou 10 cent. par tonne transportée à 1 kilom.

Le tonnage de la houille transportée à petite vitesse a été de 249 235 20 tonnes qui ont produit 164 819 fr. 80 c., soit 6 fr. 61 c. par tonne, 8 cent. par tonne transportée à 1 kilom.

Les détails statistiques suivants sont empruntés au rapport du Conseil d'administration.

RECETTE MOYENNE D'UN TRAIN PAR KILOMÈTRE DE PARCOURS.

Trains de voyageurs.

Voyageurs.................................	3.31
Bagages, voitures, chevaux et chiens	0.11
Marchandises et articles de messageries	0.13
Produits divers.................................	0.22
	3.77

Trains de marchandises.

Marchandises diverses.........................	3.09
Ballast..................................	0.85
Houilles..................................	0.82
	4.76
Moyenne des recettes par train sans distinction de nature..........................	4.26

DÉPENSE MOYENNE D'UN TRAIN PAR KILOMÈTRE DE PARCOURS.

Frais généraux des divers services d'exploitation ..	0.34
Frais spéciaux des divers services d'exploitation ...	1.30
Entretien et surveillance de la ligne..............	0.18
Entretien du matériel et traction	0.85
	2.67

La recette moyenne nette d'un train s'est élevée par kilomètre de parcours, à. 1.59

Au 1er janvier 1858, le matériel roulant de la Compagnie se composait de :

32 Machines locomotives à 4 roues couplées.
28   *Id.*   à 6 roues couplées.
60 locomotives.

  2 Voitures de luxe.
15 Voitures de 1re classe.
50   —   mixtes.
75   —   3e classe.
24 Wagons à bagages.
  5   —   breaks.
  8   —   écuries.
  9 Trucks à diligences.
10   —   à équipages.
198

180 Wagons à marchandises couverts.
130   —   plats.
 90   —   maringottes.
200   —   à houille.
 40 Fourgons-freins
640

100 Wagons à ballast.
  1 Wagon à plaques tournantes.
101

Les trains ont parcouru en 1857 644 071 kil. :

Trains de voyageurs	443 658 kil.
Trains de marchandises.................	137 917
Trains pour le compte de la Compagnie..	62 496

Le nombre des trains s'est élevé à 8683 et se décompose ainsi qu'il suit :

Trains de voyageurs......................	5 673
— de marchandises...................	1 532
— pour le compte de la Compagnie.....	1 478

ÉTAT DES TRAVAUX.

L'ensemble du réseau concédé à la Compagnie est exploité dans sa presque totalité; il ne reste plus à terminer que quelques travaux : un remblai et un viaduc de l'embranchement de Culoz, la traversée de Lyon et le raccordement avec le chemin de fer de Lyon à la Méditerranée. Cette dernière section a été longtemps retardée par suite des demandes formulées par la ville de Lyon, par le génie militaire, et par l'administration des ponts et chaussées, qui réclamaient des modifications dont l'ensemble entraînait pour la Compagnie une dépense supplémentaire de plus d'un million. La Compagnie, après avoir vu ses motifs accueillis par le Conseil général des ponts et chaussées, mais repoussés par le comité des fortifications, a obtenu définitivement gain de cause devant la commission mixte des travaux publics (1er février 1858).

COMPAGNIE DU CHEMIN DE FER DE LYON A GENÈVE.

CONSEIL D'ADMINISTRATION, A PARIS.

MM. François Bartholony, ✳, président; — Hély-d'Oissel, ✳, vice-président; — Ador, à Genève; —Le vicomte Benoist d'Azy ✳; —Blount, ✳; — Le général Dufour, ✳, à Genève; — O. Galline, à Lyon; —Girod (de l'Ain) ✳; — Gladstone, à Londres; — Jayr, ✳; — Kohler, à Genève; — Abel Laurent; — De Monicault, ✳; — Le comte de La Panouse; — Rivet ✳.

COMITÉ.

MM. Jayr, président; — Abel Laurent; — De Monicault.

Le président et le vice-président du Conseil assistent de droit à toutes les séances des Comités.

COMITÉ SUISSE.

MM. le général Dufour, président; — Ador; — Kohler.

M. Baudin, secrétaire de la Compagnie.

M. Thirion, ✳, ingénieur en chef des ponts et chaussées, Conseil de la Compagnie.

DIRECTION.

M. Jacqmin, ✳, ingénieur des ponts et chaussées, directeur de la Compagnie.

EXPLOITATION ET TRAVAUX.

MM. Midy, ingénieur des ponts et chaussées, ingénieur en chef de l'exploitation et des travaux à Lyon; Convents, ingénieur des ponts et chaussées, chargé du parachèvement et de la voie, à Lyon; Schlemmer, ingénieur des ponts et chaussées, chargé du parachèvement et de l'embranchement de Versoix, à Genève; Huet, ingénieur des ponts et chaussées, chargé de l'embranchement de Culoz, à Lyon; Maréchal, chef du matériel et de la traction, à Lyon; Piérache, chef du mouvement, à Lyon; Broux, agent commercial, à Lyon; Paillard, sous-ingénieur de la voie, à Lyon.

Le siége de l'administration est à Paris, rue Laffitte, 17.

Itinéraire de la France par A. JOANNE.
CHEMINS DE FER D'ORLÉANS ET DU MIDI.
L. HACHETTE et Cie — Paris.
OCÉAN
MÉDITERRANÉE
Golfe du Lion
Dressé par A. H. Dufour, sous la Direction d'Ad. Joanne.
Kilomètres.
Gravé par Primaut-Rousset.

LES CHEMINS DE FER DU MIDI ET LE CANAL LATÉRAL
A LA GARONNE.

LE RÉSEAU.

Le tronçon originaire des chemins de fer du Midi a été la ligne de Bordeaux à la Teste, dont la concession eut lieu le 26 octobre 1837. Les travaux de cette ligne furent aussitôt entrepris, et l'exploitation commença le 7 juillet 1841.

La ligne de Bordeaux à Cette fut concédée le 21 juin 1846 à une compagnie qui dut y renoncer en 1847.

Le 24 août 1852, elle fut de nouveau concédée à une autre compagnie qui obtint, le 24 mars 1853, la ligne de Bordeaux à Bayonne et celle de Narbonne à Perpignan.

Le 1er septembre 1853, la compagnie de la Teste *fusionna* avec la nouvelle compagnie qui a obtenu depuis :

Le 19 août 1854, l'embranchement d'Agde à Pézenas ;

Le 4 avril 1857, la prolongation de la ligne de la Teste jusqu'à Arcachon ;

Le 21 juillet 1856, le réseau pyrénéen ;

Le 21 juillet 1856, l'embranchement facultatif de Castelnaudary à Castres.

A ces voies de fer il faut ajouter le canal latéral à la Garonne, dont la Compagnie a obtenu la concession le 8 juillet 1852, et les routes agricoles des Landes, concédées le 1er août 1857.

Un traité qui a été signé, le 29 mai 1858, entre les représentants de la Compagnie des chemins de fer du Midi et ceux de la Compagnie du canal du Midi, sous le patronage du gouvernement, a mis un terme à la concurrence ruineuse que se faisaient les deux Compagnies, par l'abaissement de leurs tarifs.

Aux termes de ce traité, la Compagnie du canal du Midi donne à bail à la Compagnie des chemins de fer du Midi le canal, ses annexes et ses embranchements.

La durée du traité est limitée à 40 ans, commençant le 1er juillet 1858 ; le prix du bail, qui avait été précédemment fixé à 980 000 fr., est réduit à 743 000 fr. ; il comprend, de plus, l'abandon fait à la Compagnie du canal de quelques immeubles en dehors du canal, dont le revenu s'élève à 6000 fr. environ.

Il est intervenu en même temps, entre le gouvernement et la Compagnie des chemins de fer du Midi, une convention, à l'adoption de laquelle ce traité reste subordonné. Cette convention règle d'une manière équitable, pendant la durée du bail, le tarif relatif des deux canaux. Les tarifs maxima du canal du Midi qui, pour l'ensemble des marchandises, les charbons et les matériaux exceptés, étaient élevés, sont réduits d'un centime par tonne et par kilom., et, en compensation, on élève d'un centime, également par tonne et par kilom., les tarifs du canal latéral à la Garonne, qui avaient été fixés à un taux tellement bas, que, même appliqués à leur chiffre maximum, ils ne se trouvaient pas suffisamment rémunérateurs, tout en portant un notable préjudice à l'exploitation du chemin de fer, qui le longe dans tout son parcours.

La durée de l'ensemble des concessions est fixée à 99 ans, commençant au 24 août 1856. L'État s'est réservé la faculté de rachat, mais il ne peut l'exercer que sur la totalité des lignes, et seulement à partir du 1er janvier 1877.

L'État fournit à la Compagnie des subventions montant à la somme de 79 500 000 francs pour la ligne de Cette, 24 000 000 pour le réseau pyrénéen, et 4 000 000 pour les routes agricoles ; il garantit, en outre, un intérêt annuel de 4 pour 100 sur un capital de 230 000 000 de francs. Enfin, la Compagnie est investie d'un droit de péage de 2 centîmes en moyenne, par tonne et par kilomètre, sur le canal latéral, et de 5, 6, 7 et 11 centimes sur les routes agricoles, outre un droit de transport fixé à 15 centimes par tonne et par kilomètre.

Après le complet achèvement du réseau, c'est-à-dire à partir du 1er janvier 1866, la Compagnie doit partager avec l'État les bénéfices excédant 8 pour 100 du capital qu'elle aura dépensé.

Le réseau actuel des chemins de fer du Midi est ainsi composé (janvier 1858) :

De Bordeaux à Cette...............	477 kilom.
De Bordeaux à Bayonne............	198
De Lamothe à Arcachon...........	15
D'Agde à Pézenas.................	21
De Pézenas à Clermont...........	20
De Morcens à Mont-de-Marsan......	38
De Narbonne à Perpignan..........	63
De Toulouse à Bayonne............	280
Embranchement sur Bagnères de Bigorre.	20
De Ramous à Dax.................	28
De Saint-Simon à Foix............	71
D'Agen à Tarbes.................	166
De Mont-de-Marsan à Rabastens......	87
De Castelnaudary à Castres (éventuel)....	50
Raccordement entre les lignes du Midi et d'Orléans.....................	4
Id. à Cette avec la ligne de Tarascon....	4
	1542 kilom.

Sur ces 1542 kilomètres de réseau concédé, 728 ont été mis en exploitation aux époques suivantes :

De Bordeaux à Langon, le 31 mai 1855....	43 kilom.
De Langon à Tonneins, le 4 décembre 1855..	54
De Tonneins à Valence, le 20 mai 1856....	65
De Valence à Toulouse, le 29 août 1856...	96
De Toulouse à Cette, le 22 avril 1857......	219
De Bordeaux à la Teste, le 7 juillet 1841...	55
De Lamothe à Dax, le 12 novembre 1854...	105
De Dax à Bayonne, le 25 mars 1855.......	50
De Morcens à Saint-Martin d'Oney, le 25 janvier 1857.....................	24
De la Teste à Arcachon, le 26 juillet 1857..	3
De Saint-Martin d'Oney à Mont-de-Marsan, le 6 septembre 1857.................	63
De Narbonne à Perpignan, le 20 février 1858.	14
	791 kilom.
Il reste à construire en outre 693 kilom., ci.	693
Les deux raccordements...............	8
Plus le tracé facultatif de Castelnaudary à Castres...........................	50
Total..........	1542

Le décret du 1er août 1857 a fixé comme il suit l'état des routes agricoles à ouvrir :

DÉPARTEMENT DE LA GIRONDE.

De Pierroton à Martignas; — de Pierroton à Saucats; — de Marcheprime à Saumos; — de Marcheprime à Hostens; — de Facture à Arès; — de Facture à Béliet; — de la Hume à Sanguinet; — de Caudos à Sanguinet; — de Caudos à Salles; — de Salles à Belin.

DÉPARTEMENT DES LANDES.

D'Ichoux à Biscarosse; — d'Ichoux à Sore; — de Labouheyre à Sainte-Eulalie, avec embranchement de Pontenx à Mimizan; — de Labouheyre à Trensacq; — de Sabres à Escource; — de Sabres à Labrit; — de Morcens à Mimizan, avec embranchement d'Onesse à Mézos; de Rion à Saint-Julien en Born, avec embranchement d'Uza à Lit; — de Rion à Tartas; — de la Luque à Saint-Girons; — de la Luque à Pontenx; — de Dax à Castets.

L'État alloue à la Compagnie, comme nous l'avons dit, une subvention de 4 millions; et le réseau entier des routes agricoles doit être achevé dans un délai de 4 ans, à partir du 1er août 1857.

Enfin, la Compagnie a soumissionné la ligne de Bayonne à Irun, d'une longueur de 34 kilom., suivant le tracé qui a été étudié dès le commencement de l'année 1854, par les ingénieurs du gouvernement, et la ligne de Perpignan à Port-Vendres, d'une longueur de 41 kilom., suivant les projets qui à la même époque ont été dressés par ses propres ingénieurs. La soumission de cette dernière est faite dans les conditions de la loi du 11 juin 1842.

La ligne de Bayonne à Irun est la seule lacune non concédée du réseau des chemins de fer d'Europe, depuis Saint-Pétersbourg et Moscou jusqu'aux chemins qui rayonnent autour de Madrid, pour se diriger sur Valence, Alicante, Séville et Cadix. Les voyageurs et les produits de la presque totalité de la péninsule espagnole et portugaise doivent, par cette jonction, venir aboutir à la ligne de Bayonne, qui, ainsi que celle de Paris à Bordeaux, a été classée, dans la loi de 1842, sous le titre de *chemins de fer de Paris en Espagne*. La construction de la lacune de Bayonne à Irun est le complément et la corrélation de la construction du pont de Bordeaux.

« Le chemin de Perpignan à Port-Vendres servira de tête au second chemin d'Espagne par la Catalogne, complément de la ligne du littoral méditerranéen de Barcelone à Nice: Port-Vendres est le mieux abrité et le plus sûr de nos ports dans la Méditerranée, la clef de nos relations avec tous les ports du sud-est de l'Espagne et avec l'Algérie ; Vauban le recommandait à Louis XIV comme le plus important de la Méditerranée, au point de vue des intérêts français, commerciaux et stratégiques. »

SITUATION FINANCIÈRE EN 1857.

Une modification, autorisée par le gouvernement, aux statuts primitifs de la Compagnie, a porté le fonds social de 67 à 125 millions, ce qui constitue un accroissement de 58 millions, et élevé le nombre des actions de 134 000 à 250 000. Sur ce supplément de 116 000 actions, il en a été émis seulement 89 334, qui ont été attribuées aux actionnaires existants, à raison de deux actions nouvelles pour trois anciennes. Le prix d'émission a été fixé à 700 fr. par action.

La création des nouvelles actions a produit un bénéfice de près de 18 millions, destiné en partie à couvrir les intérêts des capitaux employés pendant la construction; le surplus formera une réserve qui permettra de diminuer le compte des emprunts à émettre. Cette réserve s'augmentera encore par l'émission ultérieure des 26 666 actions restant en portefeuille.

Les dépenses relatives à la construction du chemin et à l'établissement du matériel qui, au 31 décembre 1856, étaient de ... 195 813 076 fr. 43 c. s'élevaient au 31 décembre 1857 à 250 825 590   95

Ce qui donne, pour les dépenses soldées dans l'exercice 1857, un chiffre de. 55 012 514   52

Celles du canal latéral ne présentaient qu'une augmentation de. 28 450   80

Ensemble des dépenses de construction payées en 1857.   55 040 965   32

A reporter. . . . .   55 040 965 fr. 32 c.

Report. . . . .   55 040 965 fr. 32 c.

Sur le montant des comptes créanciers qui figuraient sur la situation du 31 décembre 1856, la Compagnie a remboursé dans l'exercice 1857 une somme de. . . . .   14 089 312   73.

Enfin elle a dû par suite de l'augmentation de son capital verser au sous-comptoir des chemins de fer un supplément de. 89 649   50

Ce qui porte à . . . .   69 219 927 fr. 55 c.

le montant total des payements auxquels la Compagnie a eu à faire face dans le courant de l'exercice 1857.

Les ressources au moyen desquelles ces payements ont été effectués se composent :

1° Du recouvrement des versements qui restaient à effectuer, tant sur les anciennes que sur les nouvelles actions. . . . . 37 837 811 fr. 92 c.

2° Du produit net de la négociation de 100 000 obligations. 25 745 846   21

3° Du dernier terme de la subvention du gouvernement pour la ligne de Bordeaux à Cette. . . . . 1 750 000   »

4° De la réalisation d'une portion de l'actif disponible. 3 543 689   42

5° Enfin, d'un bénéfice supplémentaire réalisé sur la vente d'un solde de 5 709 actions qui restaient à négocier sur l'émission des 89 334 actions nouvelles, ci. . . . . 342 580   »

Total égal aux sommes payées. .   69 219 927 fr. 55 c.

Il reste toujours en portefeuille les 26 666 actions formant le complément du capital de la Compagnie, et qu'elle conserve pour faire face, dans des temps meilleurs, à ses besoins ultérieurs.

Le compte général de la Compagnie, au 31 décembre 1857, peut se résumer ainsi :

ACTIF.

Construction du chemin et de ses dépendances. 250 825 590   95
Chemin de la Teste. 1 583 812   23
Dépenses d'établissement du canal. . . .   83 116   48
Valeurs diverses. 16 934 021   32
Débiteurs divers. . . . . 5 419 859   »

274 846 399 fr. 98 c.

Capital social.......................	125 000 000 fr.	» c.
Prime sur les actions..............	18 209 380	»
Obligations de la Teste..............	1 050 000	»
Emprunts de 1846 et 1847, 249 788 obligations remboursables à 500 fr.....	67 795 725	21
Subvention de l'État pour le chemin de Bordeaux à Cette	35 000 000	»
Subvention de l'État pour le chemin de Bayonne et embranchement de Narbonne à Perpignan	14 850 000	»
Solde dû sur les intérêts des actions.... .... 2 234 599 90		
Solde dû sur les intérêts des obligations....... 1 853 607 42	4 107 711	02
Solde dû sur les intérêts des oblig. de la Teste. 19 503 70		
Cautionnements divers..............	205 137	51
Société générale du Crédit mobilier...	3 415 761	79
Effets à payer.....................	5 212 684	45
	274 866 399	98

Les avances que la Compagnie avait reçues de la Société générale de Crédit, mobilier et qui se sont élevées jusqu'au chiffre de 22 millions (elles ont été en moyenne de 12 millions), se trouvaient réduites, au 31 décembre 1857, à 3 415 761 fr. 79 c. Elles ont été entièrement remboursées dans les quatre premiers mois de 1858.

« Si la Compagnie , disait le rapport de 1858, a pu traverser avec aisance les difficiles circonstances par lesquelles elle a eu à passer, elle l'a dû surtout à la Société générale de Crédit mobilier, dont l'appui ne lui a jamais fait défaut. »

EXPLOITATION EN 1857.

Suivant le rapport lu à l'Assemblée générale des actionnaires, le 9 juin 1858, l'ensemble de l'exploitation pour l'exercice précédent se résume ainsi qu'il suit :

	Recettes nettes.	Dépenses.	Revenus nets.	Rapport de la dépense à la recette.
Ligne de Bayonne...............	3 655 550 fr. » c.	2 244 577 fr. 27 c.	1 410 972 fr. 73 c.	61.40 0/0
Ligne de Cette, *depuis Toulouse exploitation de huit mois....... ...*	8 500 298 14	5 008 374 38	3 491 923 76	58.91 0/0
Canal latéral à la Garonne....... .	85 880 88	439 618 77	439 262 11	50.19 0/0
Totaux et moyennes.......	13 031 729 fr. 02 c.	7 692 570 fr. 62 c.	5 339 158 fr. 60 c.	59.10 0/0

On voit d'après le tableau ci-dessus que l'ensemble des produits nets s'élève à 5 339 158 fr. 60 c.

Ces 5 339 158 fr. 60 c. ont été portés au crédit du compte des intérêts.

Ce compte, au débit duquel figurent les intérêts payés sur les actions *depuis* 1852, *et sur les obligations depuis qu'elles sont émises*, présente au 31 décembre dernier un solde débiteur de 8 480 037 fr. 51 c., déduction faite des produits de l'exploitation dans les exercices antérieurs et de ceux de 1857.

Cette somme forme en réalité la balance des intérêts payés pendant toute la période de la construction des lignes aujourd'hui exploitées; elle représente 3 ⅓ pour 100 du capital dépensé depuis 1852.

Mais, par une circonstance exceptionnelle et spéciale au mode d'émission des titres de la Compagnie, cette somme ne grèvera pas en réalité le capital effectif de ses actions, puisqu'on voit figurer au crédit de son bilan, au 31 décembre 1857, une somme de 18 209 380 fr., formant la prime réalisée sur la deuxième émission de ses actions.

C'est au débit du même compte d'intérêt qu'a dû figurer le payement du coupon échu le 1er juillet 1858, à raison de 10 fr. par action.

La longueur totale du réseau en exploitation, à la fin de 1856, était de 468 kilom.

Cette longueur a été portée, à la fin de 1857, à 729 kilom., par l'ouverture des sections suivantes :

De Morcens à Saint-Martin d'Oney, sur une longueur de.....	26 kilom.
De Toulouse à Cette.....................	219 —
De La Teste à Arcachon sur	3 —
De Saint-Martin-d'Oney à Mont-de-Marsan, sur	13 —
Total des accroissements......	261 kilom.

Depuis le 1er janvier 1858, le réseau s'est encore accru par suite de l'ouverture de l'embranchement de Perpignan, depuis Narbonne jusqu'au Vernet ; la longueur totale exploitée est de 791 kilom. (voy. ci-dessus l'ouverture des sections).

L'exploitation de 1857 a subi l'influence générale des causes qui ont déprimé les recettes de la plupart des chemins de fer. Sur le chemin du Midi, ces causes ont agi d'une manière d'autant plus défavorable, qu'elles attaquaient une ligne au début et un trafic naissant, dont la clientèle n'était pas faite, dont les correspondances commençaient à peine à s'organiser, et qui s'est trouvée ainsi comprimée à l'origine de son essor.

A ces causes générales sont venues s'ajouter la situation de concurrence radicale qu'avait prise le canal du Languedoc, depuis le moment même où l'exploitation a commencé, et la nécessité dans laquelle la Compagnie s'est trouvée de répondre à cette concurrence par une réduction considérable de ses tarifs. « Néanmoins, ajoute le rapport du Conseil d'administration que nous venons de copier, il est facile de juger, par les progrès faits au milieu de circonstances aussi dé favorables, de ceux qu'il est permis d'espérer dans des conditions normales.

« Les deux sections du chemin de fer forment ensemble un revenu net total de 4 902 896 fr. 48 c., soit 7554 fr. 54 c. par kilom. et par an. — L'exercice 1857 se résume donc par un accroissement de 13 fr. 45 c. pour 100 sur l'exercice précédent.

« La recette brute, qui était, en 1856, de 18 975 fr. 81 c. par kilom. et par an, a été en 1857 de 20 541 fr. 86 c.

« Le nombre total des voyageurs transportés sur le réseau a été de 2 079 824, et le nombre total de tonnes de 586 765, soit par jour 5699 voyageurs et 1608 tonnes.

« Ramené au parcours total, le mouvement en 1857 a été de 178 966 voyageurs, et de 124 303 tonnes.

« Le parcours total des trains a été de 2 826 631 kilom. ; ce qui correspond à un mouvement de 11 trains 46 par kilom. et par jour, ainsi répartis : 12,36 sur Cette et 9,78 sur Bayonne.

« La recette moyenne des trains a été de 4 fr. 68 c. par kilom. et leur dépense de 2 fr. 55 c.

« Le produit total des trains de plaisir a été de 137 700 fr., et leur recette moyenne de 12 fr. 48 c. par kilom.

« La circulation totale des véhicules a été de 36 913 293 kilom., sur un effectif de 3118 véhicules, dont une partie a été détournée pour le service des travaux.

« Le travail utile, par kilom. et par voiture, a été de 11 voyageurs 48, et celui des wagons de marchandises de 4 tonnes 03. »

Nous extrayons du même rapport de 1858 les renseignements suivants sur les différentes lignes du réseau :

Ligne de Bayonne.

La recette nette totale de la ligne de Bayonne, déduction faite des comptes d'ordre, présente, sur celle de 1856, une augmentation de 559 163 fr., soit 10,89 pour 100.

La recette brute s'est élevée à 16 527 fr. par kilom. et par an. Elle est un peu inférieure à celle de 1856, à cause de la crise qui a pesé sur les derniers mois de l'année. Le compte rendu de 1856 constatait, à la fin du premier trimestre de 1857, une augmentation de 25 p. 100 sur la recette brute kilométrique. Cette supériorité s'est maintenue jusqu'au mois d'octobre, époque où la crise, et par suite la décroissance, ont commencé à se faire sentir. La recette kilométrique avait atteint, au mois d'août, le chiffre de 25 493 fr. par kilom. et par an.

La dépense moyenne, qui était en 1856 de 10 362 fr. par kilom. et par an, s'est réduite en 1857 à 9312 fr. 90 c. Le rapport de la dépense à la recette, qui était de 66,25 pour 100, s'est abaissé à 61,40. Ce rapport tend à diminuer à mesure que le revenu kilométrique s'accroît et que le développement de la ligne de Cette absorbe une plus forte part des frais généraux.

TRANSPORTS A GRANDE VITESSE.

Le total des produits de grande vitesse est de. . . .	2 144 091 fr. 87 c.
Il était en 1856 de. . . .	2 006 435　80
Ce qui fait une augmentation de.	137 656 fr. 07 c.

Le nombre total des voyageurs transportés, qui

était de 378 242 en 1856, s'est élevé à 399 189 en 1857. Augmentation de 5,53 pour 100.

Chaque voyageur a parcouru en moyenne 70 kilom. et a produit une recette moyenne de 4 fr. 62 c. au tarif moyen de 0 fr. 0662. — Ramené au parcours total, le nombre des voyageurs s'est élevé à 115 526.

La proportion des trois classes diffère peu de celle de l'exercice précédent; elle se résume ainsi :

	Sur 100 voyageurs.	Sur 100 fr. de recettes.
Voyageurs de 1re classe..	10	30
— de 2e classe..	22	30
— de 3e classe..	68	40
Total	100	100

Le transport du poisson a pris un grand développement, par suite des facilités accordées aux pêcheurs de Cap Breton, près de Bayonne. Ils portent aujourd'hui leur poisson à Labenne, d'où ils l'expédient sur Bordeaux, Toulouse et même Marseille. — Ce trafic, qui était de 41 000 fr. en 1856, a produit, en 1857, 81 477 fr. 35 c., c'est-à-dire presque autant que les messageries, qui ont produit 87 806 fr. 42 c.

TRANSPORTS A PETITE VITESSE.

Le produit total de la petite vitesse, qui est de 1 816 868 fr. 95 c., dépasse de 275 547 fr. 35 c. celui de l'exercice précédent; ce qui correspond à une augmentation de 17,87 pour 100.

Le tonnage de la petite vitesse, qui, en 1856, était de : 194 492 tonnes ayant produit 1 538 000 fr., s'est élevé en 1857 à : 210 856 tonnes, ayant produit 1 758 092 fr. 45 c.

Le tonnage ramené au parcours total s'est élevé à 88 060 tonnes. — Chaque tonne a parcouru en moyenne 101 kilom. et a produit une recette de 8 fr. 06, au tarif moyen de 0 fr. 083.

Le mouvement s'est partagé de la manière suivante : 88 843 tonnes à la descente vers Bayonne, et 122 013 tonnes à la remonte vers Bordeaux.

Le trafic des bois de chauffage et de construction s'est notablement développé; il a atteint 37 730 tonne au lieu de 25 000, tonnage de 1856.

Les matières résineuses se sont élevées à 17 200 tonnes au lieu de 14 000.

Les métaux bruts et ouvrés provenant des forges des Landes ont donné 9 060 tonnes au lieu de 7000. — La fonte obtenue dans ces forges avec les minerais d'Espagne est d'excellente qualité et s'expédie aujourd'hui jusqu'à Nantes.

Les vins ont fourni 11 500 tonnes au lieu de 8000. Cette augmentation est due en partie aux vins d'Espagne qui sont venus à Bordeaux remplacer ceux du Roussillon, dont la récolte avait fait défaut en 1856.

Les céréales ont donné 16 800 tonnes au lieu de 12 000.

L'ouverture des routes agricoles est destinée à développer considérablement le trafic de la ligne de Bayonne. Elles feront affluer sur le chemin de fer les produits des dunes et des forges. Elles développeront autour de la ligne l'agriculture et l'industrie, augmenteront la population, accroîtront la consommation locale et transformeront peu à peu toute la contrée.

Chemin de la Teste.

En exécution du traité conclu avec le chemin de fer de la Teste, la situation de la compagnie du Midi avec cette compagnie ressort des chiffres de l'exploitation du chemin de Bayonne qui viennent d'être exposés, et se résume ainsi :

Recettes.........	3 655 550	»
Dépenses........	2 244 577	27
Excédant des recettes sur les dépenses...	1 410 972	73

A déduire :

Amortissement et intérêts des obligations de la Teste......... .... 52 575 »

Intérêts à 5 0/0 du capital employé par la Compagnie à la construction du chemin de Bayonne et de ses embranchements et à la liquidation de l'ancienne Société.......... 1 318 788 09

	1 372 363	09
Bénéfice..............	38 609	64

A ajouter :

Le solde de l'exercice 1856............. ...	19 987	76
Ensemble...........	58 597	40

dont la moitié au crédit des actionnaires de la Teste, soit ....

	29 298	70

D'où il faut déduire pour frais de confection de nouveaux titres, d'impôt, etc......

	6 091	36

Par conséquent ce solde figure au crédit de cette Compagnie. Total..............

	23 207	34

Ligne de Cette.

La recette brute de la ligne de Cette a été de 22 913 fr. 39 c. par kilom. et par an ; elle était de 21 368 fr. 78 c. en 1856 ; ce qui correspond à une augmentation de 7,22 pour 100.

La dépense par kilom. et par an en 1857 a été de 12 275 fr. 41 c.

TRANSPORTS A GRANDE VITESSE.

Le nombre des voyageurs transportés a été de 1 680 635, soit 4605 par jour. En 1856, ce nombre n'était que de 2971 par jour.

Chaque voyageur a parcouru en moyenne 53 kilom. et a produit 2 fr. 86 c. au tarif moyen de 0 fr. 054. — Ramené à la longueur moyenne exploitée, le nombre des voyageurs a été de 216 438.

Les trois classes se sont divisées de la manière suivante :

	Sur 100 voyageurs.	Sur 100 fr. de recette.
Voyageurs de 1re classe..	10	31
— de 2e classe...	16	20
— de 3e classe...	74	49
Totaux.........	100	100

Le transport des messageries a produit 277 965 fr. 29 c.

Le transport des finances a produit 54 000 fr., sur une valeur transportée de 100 millions. En 1856, on n'avait transporté que 35 millions, qui avaient produit 19 000 fr.

Les denrées fraîches et le lait, qui avaient produit 22 000 fr. en 1856, ont produit, en 1857, 63 500 fr.

Les chevaux et bestiaux en grande vitesse, qui avaient produit en 1856 9560 fr., ont produit 20 295 fr.

Sur tous ces articles l'accroissement a dépassé notablement la proportion résultant de l'allongement kilométrique.

TRANSPORTS A PETITE VITESSE.

Le tonnage de la petite vitesse, qui, en 1856, était de : 152 176 tonnes ayant produit 1 204 692 fr., s'est élevé en 1857 à : 375 909 tonnes ayant produit 3 651 808 fr. 84 c.

Le mouvement s'est réparti ainsi : 223 472 tonnes dirigées vers Cette, et 132 487 tonnes dirigées vers Bordeaux. Le rapport de la première direction à la seconde a donc été comme 60 est à 40, ce qui est à peu près le même que celui observé sur le canal latéral.

Ramené au parcours total, le tonnage s'est élevé à 145 744 tonnes. — Il n'était, en 1856, que de 118 446 tonnes : l'augmentation a donc été de 23 pour 100.

Le parcours moyen d'une tonne, qui était de 130 kilom. en 1856, s'est élevé à 158, et le produit moyen, qui était de 7 fr. 51 c., s'est élevé à 9 fr. 86 c.

Le tarif moyen par tonne a été de 0 fr. 062.

Les principales marchandises transportées ont été les suivantes, en chiffres ronds :

Céréales, légumes secs et farines.........	78 000 tonnes.
Bois de chauffage et de construction......	13 000
Vins...................................	24 000
Matériaux de construction	13 000
Spiritueux	9 000
Huiles, savons, graisses.	9 000
Tabacs	6 000
Métaux bruts et ouvrés..................	6 000
Denrées coloniales......................	4 000
Sucres.................................	2 700
Tissus et mercerie......................	3 500
Transports de la guerre.................	2 800
Prunes sèches..........................	2 100
Laines.................................	2 300
Houille................................	3 600
Chanvres et cordages....................	2 700
Cuirs et peaux.........................	2 000

Un trafic qui tend à prendre une grande importance est celui des chevaux et bestiaux. En 1856, le nombre total des chevaux et bestiaux transportés en petite vitesse avait été de 20 500 et avait produit 45 500 fr. En 1857, ce transport s'est exercé sur un nombre de 193 000, et a produit 208 000 fr. Cette branche de transport se développe de jour en jour.

Les services de Londres, de Rotterdam, d'Italie, d'Espagne, de Nantes, de la Rochelle et de Marseille, fonctionnent régulièrement.

« Un des principaux obstacles qui s'est opposé jusqu'ici au développement de ces services est sur le point d'être levé, dit le rapport : nous voulons parler des formalités de douanes. — Des démarches actives ont été faites auprès de l'administration des douanes pour obtenir, à Cette et à Bordeaux, des facilités propres à dégager la marchandise des frais énormes qui pèsent aujourd'hui sur elles et rendent le transit à peu près impossible. Cette administration a parfaitement compris qu'il s'agissait ici d'un intérêt national, et elle a accueilli favorablement les demandes de la Compagnie. Elle s'est mise d'accord pour la construction d'un magasin de dépôt à Cette et à Bordeaux, où s'effectueront la vérification des marchandises et le plombage des wagons. »

De grandes améliorations (nous copions toujours le rapport) ont été introduites dans le service de la traction.

Le prix de traction, qui était en 1856 de 1 fr. 27 c. par kilom. et par train, s'est abaissé à 1 fr. 22 c., soit 1 fr. 08 c. par kilom. et par machine, au lieu de 1 fr. 11 c.

L'élément le plus important de cette dépense, qui est le combustible, est toujours resté, en 1857, à des prix élevés que la jonction avec les houillères du Gard, de l'Aveyron et de Graissessac, doit incessamment faire disparaître.

La dépense de combustible des machines a été de 1 317 133 fr., sur une dépense totale de traction et de matériel de 3 461 363 fr.

La consommation a été de 29 503 tonnes, dont 15 091 tonnes de coke et 14 412 de houille. La houille est entrée ainsi dans la consommation pour près de moitié. En 1856 la proportion n'était que du tiers.

Le parcours moyen des mécaniciens a été porté à 47 400 kilom. par mécanicien et par an, au lieu de 30 000 kilom.

« Des études et des essais relatifs au perfectionnement du matériel ont été suivis avec attention. Les expériences déjà faites permettent de conclure que pour une dépense relativement peu élevée la Compagnie arrivera à améliorer le fonctionnement des machines, tout en conservant les avantages de leur puissance, et que les économies qui en résulteront couvriront largement les frais. »

Le parcours total des machines a été de 3 180 923 kilom., le parcours moyen de 23 160 kilom. par an et par machine.

Le nombre total des machines existant au 1er janvier 1858 était de 163, et leur nombre moyen, dans l'exercice, de 155.

Canal latéral à la Garonne.

Les résultats de l'exploitation du canal latéral à la Garonne, en 1857, comparés à ceux de l'exercice précédent, se résument ainsi :

	1857.	1856.
Recettes	899 217 f. 96 c.	1 142 917 f. 00 c.
Dépenses	462 955 85	533 734 18
	436 262 f. 11 c.	609 182 f. 82 c.

La recette présente ainsi une diminution de 243 699 fr. 04 c., due à l'amoindrissement notable du tonnage.

La dépense présente une économie de 70 778 fr.; elle est due à diverses économies introduites dans certaines parties du service. La dépense, qui était de 2761 fr. par kilom., en 1856, n'est plus que de 2200 fr. en 1857 : ces chiffres comprennent l'entretien et la perception, et, si l'on dégage cette dernière partie, ainsi qu'une somme de 28 450 fr., afférente au premier établissement, la dépense kilométrique de l'entretien proprement dit se réduit à 1948 fr. par an. Cette dépense, en amont d'Agen, où le canal est ouvert depuis plusieurs années, n'est que de 1108 fr.; d'où l'on peut inférer que la dépense normale du canal, dans quelques années, se réduira à environ 300 000 fr. par an, y compris la perception.

Le tonnage du canal, qui était en 1856 de 645 138 tonneaux, s'est réduit en 1857 à 450 370 tonneaux.

Le tonnage, ramené au parcours total, a été de 169 964 tonnes. Il était, en 1856, de 247 062 tonnes.

Le parcours moyen d'une tonne a été de 79 kilom., et le produit moyen de 1 fr. 88 c.

La supériorité de la remonte sur la descente, qui a commencé à se manifester dès 1855, continue à se développer. La remonte, lors de la prise de possession du canal, en 1853, n'était guère que de la moitié de la descente. Le rapport de la remonte à la descente, qui était de 60 à 40 en 1850, a été, en 1857, de 68 à 32; savoir : 283 739 tonneaux à la remonte, et 166 631 à la descente.

Le nombre total de bateaux constaté au bureau de Castets a été de 5943; soit 16 par jour.

Le nombre des bestiaux transportés, qui était de 2801 en 1856, s'est réduit à 385. Ce trafic est aujourd'hui complétement absorbé par le chemin de fer.

Les principales marchandises transportées sur le canal ont été les suivantes :

Matériaux de construction...............	80 185 tonnes.
Houille et coke.........................	77 250
Céréales, légumes secs..................	69 988
Bois divers.............................	45 420
Vins....................................	32 100
Métaux bruts et ouvrés..................	24 000
Denrées coloniales......................	16 680
Sucres..................................	13 300
Huiles, savons.........................	9 640
Esprits.................................	6 575
Quincaillerie..........................	5 859

La réduction sur le tarif des céréales a été encore maintenue en 1857, et a fait perdre un péage de 34 427 fr. 27 c.

Le matériel roulant exécuté ou en cours d'exécution comprenait en 1857 :

1° *Machines locomotives*, 184.

40 machines à voyageurs,
80 machines mixtes,
44 machines à marchandises (système Engerth),
15 machines à marchandises avec tenders séparés,
4 machines de gare,
1 machine à ballastage.

2° *Voitures à voyageurs*, 556.

83 voitures de 1re classe,
83 voitures mixtes (1re et 2e classes),
120 voitures de 2e classe,
270 voitures de 3e classe.

3° *Wagons messageries*, 232.

140 fourgons à bagages,
40 trucks à équipages,
40 wagons-écuries,
12 wagons à lait.

4° *Wagons à petite vitesse*, 3020.

1500 wagons plates-formes,
1170 wagons à marchandises couverts,
100 wagons à bois et à ridelles,
250 wagons à houille.

5° *Wagons de service*, 287.

275 wagons de terrassement,
12 wagons de secours.

ÉTAT DES TRAVAUX.

Réseau Pyrénéen.

Dans le but d'assurer du travail à des populations frappées par la disette, le Gouvernement avait fait commencer des terrassements sur la plupart des lignes du réseau pyrénéen. Les causes qui avaient fait ouvrir ces nombreux chantiers avaient heureusement cessé avec l'abondance de la dernière récolte, quand la Compagnie des chemins de fer du Midi reçut la concession de ce réseau, à condition de rembourser les travaux effectués ou à effectuer, en vertu des contrats déjà passés, jusqu'à concurrence d'environ 4 600 000 fr.

La Compagnie dut suivre une autre marche et, au lieu de disséminer ses ressources sur les différentes lignes, établir un ordre de priorité et concentrer tous ses efforts sur des sections qu'elle pourrait terminer à peu de frais dans un avenir prochain, et rendre productives pour elle-même. Le choix à faire n'était pas difficile : la ligne de Mont-de-Marsan à Tarbes, qui conduit au centre des Pyrénées, et qui présente d'ailleurs de grandes facilités relatives d'établissement, devait naturellement être exécutée en premier lieu.

La Compagnie, à cet effet, est entrée en arrangement avec les entrepreneurs que le Gouvernement avait chargés de l'exécution des travaux du réseau pyrénéen, et il a été convenu que ces entrepreneurs abandonneraient leurs chantiers sur toutes les lignes autres que celle de Mont-de-Marsan à Tarbes, et que, pour leur tenir compte des pertes que cet abandon pourrait entraîner, la Compagnie, en maintenant la série des prix fixés par l'État, augmenterait d'un million la quantité totale des travaux que le gouvernement leur avait concédés. Cet arrangement, dont les difficultés de détail ont été réglées avec le concours de l'administration, s'exécute, et tous les travaux sont concentrés actuellement sur la ligne de Mont-de-Marsan à Tarbes.

Les terrassements de cette ligne sont exécutés sur près de la moitié de la longueur; ils sont attaqués avec vigueur dans les autres parties, notamment au chantier dit de Bretagne, à la sortie de Mont-de-Marsan, où se trouve la plus grande masse des déblais à enlever.

La ligne de Mont-de-Marsan à Tarbes pourra être livrée à la circulation au printemps de 1859.

Sur les autres lignes du réseau pyrénéen, la Compagnie a dû se borner à prendre des mesures pour conserver ce qui a été fait, et à régler les indemnités de terrain et de dommages vis-à-vis des propriétaires.

Un des articles de la convention relative au réseau pyrénéen impose à la Compagnie l'exécution, de compte à demi avec celle du chemin de fer d'Orléans, d'un raccordement à Bordeaux entre les lignes de cette Compagnie et les siennes. — L'ouvrage capital de ce raccordement est le pont à établir sur la Garonne.

Les ingénieurs, après s'être mis d'accord avec ceux de la compagnie d'Orléans, sur les dispositions à adopter pour l'exécution de ce grand travail, ont soumis à l'administration un projet de pont en tôle, reposant sur des piles formées de tubes en fonte. Ce projet vient d'être approuvé. — Déjà, dès le mois de janvier dernier, la Compagnie avait appelé les différents constructeurs à lui faire des propositions pour l'exécution du tablier métallique et les fondations. — L'adjudication à laquelle elle a procédé a eu pour résultat de confier à une compagnie puissante, qui depuis longtemps a fait ses preuves dans des constructions de cette nature, l'exécution de ce travail. La fabrication des tôles et des fontes est poussée activement dans les usines, et toutes les dispositions sont prises pour arriver, autant que cela sera possible, à terminer cet ouvrage dans les courts délais qui ont été accordés.

Routes agricoles.

La construction des routes agricoles a été poussée avec activité; trois de ces routes, situées dans le département des Landes, celle de Rion à Tartas, de Laluque à Pontenx et de Dax à Castets, formant ensemble une longueur de 40 kilom., ont été terminées, et ont été, dès le mois de février 1857, l'objet d'une première réception par l'administration des ponts et chaussées.

Celle de Caudos à Sanguinet, dans le département de la Gironde, d'une longueur de 10 kilom., vient d'être terminée; celle de Facture à Arès, dans le même département, d'une longueur de 21 kilom., est en pleine exécution. Sept autres projets, savoir : dans le département de la Gironde, celui de Pierroton à Saucats et celui de la Hume à Sanguinet, sur une longueur ensemble de 30 kilom., et dans le département des Landes, ceux d'Ichoux à Pissos, de Labouheyre à Commensacq, de la station de Sabres à Sabres, de la station de Rion à la route impériale n° 132, sur une longueur totale de 50 kilom., ont été adressés à l'administration ou vont être soumis à son approbation. C'est en totalité 150 kilom. sur lesquels les travaux sont ou achevés ou en cours d'exécution, de manière à pouvoir être prochainement terminés.

Les études sur les autres parties se poursuivent sans discontinuer, et, afin d'être en mesure de pousser les travaux sur tous les points, la Compagnie a, dans toutes les gares où aboutissent les routes agricoles, fait des dépôts de matériaux qui lui constituent d'importants approvisionnements.

L'activité qu'elle doit apporter à l'exécution des travaux qui lui sont concédés, résulte des conditions du cahier des charges. La Compagnie ne contribue à la dépense totale qu'ils vont occasionner que pour un cinquième environ, et elle a le plus grand intérêt au prompt achèvement de ces routes, qui aboutissent toutes à ses stations. Le chemin de Bayonne n'entrera dans son exploitation normale que lorsqu'il sera en mesure, par l'exécution de ces artères fécondes, de mettre en valeur le sol des contrées qu'il traverse, et de recevoir les produits de leurs usines et de leurs forêts.

ingénieur en chef des mines ; de Vergès, ✳, ingénieur en chef des ponts et chaussées ; Lechatelier, ✳, ingénieur en chef des mines.

M. Eugène Pereire, secrétaire du comité.

CONSTRUCTION.

M. Alfred Bommart, ✳, ingénieur en chef des ponts et chaussées, directeur de la construction, à Paris.

EXPLOITATION.

M. Surell, ✳, ingénieur des ponts et chaussées, directeur de l'exploitation, à Bordeaux.

Le siége de la Compagnie, à Paris, place Vendôme, 15.

Les derniers travaux complémentaires qui restent à exécuter sur les lignes du Midi sont confiés à MM. de Laroche-Tolay, Viller et Chauvisé, au premier pour les 1ʳᵉ et 2ᵉ sections, au deuxième pour les 3ᵉ, 4ᵉ, 5ᵉ, 6ᵉ et 8ᵉ sections, et au troisième pour la 7ᵉ section, l'embranchement de Mont-de-Marsan, celui de la Teste et le prolongement d'Arcachon.

L'exécution du réseau Pyrénéen est confiée à M. Bommart, directeur de la construction. — M. Chauvisé dirige, sous ses ordres, comme ingénieur en chef de section, la ligne de Mont-de-Marsan à Tarbes.

LES CHEMINS DE FER DU DAUPHINÉ.

LE RÉSEAU.

Une loi du 7 mai 1853 concéda à une compagnie qui prit le titre de Saint-Rambert à Grenoble un chemin de fer destiné à relier Grenoble avec Lyon et Valence par Saint-Rambert, l'une des stations du chemin de fer de Lyon à la Méditerranée. Mais de nouvelles compagnies s'étant formées demandèrent la concession de deux lignes directes, de Lyon et de Valence à Grenoble. Alors la compagnie qui avait obtenu la concession du chemin de Saint-Rambert prit l'engagement de construire à ses risques et périls, outre cette ligne principale : 1° dans le délai de trois ans, une ligne partant de Lyon et venant joindre celle de Saint-Rambert près de Beaucroissant, en passant par ou près de Bourgoin, par ou près de la Tour-du-Pin ; 2° dans le délai de six ans, une autre ligne partant de Valence, et venant, par la vallée de l'Isère, s'embrancher à Moirans sur la ligne de Saint-Rambert. Ces propositions furent agréées par l'État.

Le 18 mars 1857 et le 5 décembre suivant, un nouveau décret autorisa la compagnie concessionnaire à prendre la dénomination de *Compagnie des chemins de fer du Dauphiné*[1].

Ces diverses concessions forment un réseau total de 254 kil., savoir :

De Saint-Rambert à Rives.........	56 kilom.
De Rives à Pique-Pierre............	34
De Pique-Pierre à Grenoble........	2
De Lyon à Bourgoin...............	39
De Bourgoin à Beaucroissant.......	52
De Moirans à Valence..............	71
Total.....	254 kilom.

La durée de la concession est de 99 ans, à partir du 1er janvier 1862.

La compagnie a obtenu une subvention de 7 000 000 de fr. de l'État qui, en outre, lui a accordé une garantie d'intérêt de 3 pour 100 sur un ca-

pital de 25 millions, soit : 750 000 fr. par an. Aucun partage n'est stipulé. L'État s'est réservé la faculté de rachat, mais il ne pourra l'exercer qu'à partir de 1877.

Le capital social, qui était primitivement de 25 millions, a été porté à 50 000 000 de fr., divisés en actions de 500 fr.

50 000 actions nouvelles ont donc dû être créées. Sur ces 50 000 actions, 40 000 étaient attribuées à la Société du Crédit mobilier.

« 20 000 actions ont été délivrées à cette Société, avec l'autorisation du ministre des travaux publics ; 20 000 sont encore à la souche ; quant aux 10 000 actions réservées aux porteurs des 50 000 actions de Saint-Rambert, elles ont été délivrées aux ayants droit jusqu'à concurrence de 7271 ; il ne reste plus que 2729 actions non échangées et dont 91 seulement ont été converties en actions libérées de 300 fr. » (Rapport de 1858.)

D'autre part, le ministre des travaux publics a autorisé la compagnie à émettre 7 millions d'obligations à valoir sur les 25 millions garantis par l'État.

Au 31 décembre 1857, la compagnie exploitait[2] :

Section de Saint-Rambert à Rives , ouverte le 5 novembre 1856..................... 56 kilom.

Section de Rives à Pique-Pierre, ouverte le 12 juillet 1857.................... 34

Total.....	90 kilom.

L'exploitation de ces deux sections avait produit, jusqu'au 31 décembre 1857, une somme totale de 881 567 fr. 93 cent., ainsi répartie :

Voyageurs.............	463 973 fr.	75 cent.
Bagages, voitures........	17 942	40
Messagerie.............	22 847	20
Petite vitesse...........	376 804	58
Ensemble.....	881 567 fr.	93 cent.

---

1. Cette compagnie a, dit-on, signé avec la compagnie de Paris à la Méditerranée un traité de fusion.

2. Depuis elle a ouvert la section de Lyon à Bourgoin, le 1er juillet 1858, et la section de Pique-Pierre à Grenoble, le même jour.

L'exploitation de la première section avait donné un produit de 9 400 fr. par kil.; celle des deux sections réunies a élevé ce produit à 14 212 fr.

« Cependant, dit le rapport de 1858, cette exploitation était encore elle-même dans des conditions assez difficiles; elle débutait au moment où la crise financière suspendait le mouvement général des affaires. Elle s'arrêtait à 3 kil. de Grenoble, dans une gare provisoire dont l'accès était peu favorable à la circulation, et notamment au trafic très-actif de la banlieue; enfin elle n'offrait pas encore au commerce les réductions de tarif, de délais et de transbordement, qui seules pouvaient balancer les avantages de la voie de terre. »

Le rapport du 26 avril 1858 contient les renseignements suivants sur la situation des travaux.

Section de Saint-Rambert à Grenoble.

« Les travaux de la section de Saint-Rambert à Grenoble touchent à leur terme. La plus grande activité a été déployée pour que la gare définitive placée aux portes de Grenoble fût ouverte à la circulation dans les premiers jours de juin, à une époque où les voyageurs affluent vers le Dauphiné.

« Il ne restera plus à achever que le bâtiment définitif des voyageurs et quelques constructions accessoires, pour livrer à l'exploitation, dans les conditions établies par le cahier des charges, la section complète de Saint-Rambert à Grenoble. Nous avons même devancé l'époque à laquelle nous pouvions être appelés à construire une seconde voie sur une étendue de 24 kil. entre Grenoble et Voiron, petite ville très-industrieuse et où il se fait un grand commerce de toileries, de soieries et de bestiaux : l'établissement anticipé de cette seconde voie, sur la section qui doit servir de tronc commun à toutes les autres, a été motivé par l'intérêt du service, et sera terminé très-prochainement. »

Section de Bourgoin.

Les formalités nécessaires à l'approbation des plans de cette section ont été accomplies le 7 septembre 1857. Les opérations du jury pour l'expropriation des terrains n'ont été terminées que le 19 septembre 1857, dans l'Isère, et le 7 janvier 1858, dans le Rhône. Enfin l'approbation des ouvrages d'art n'a eu lieu que le 18 décembre 1857,

et celle relative à la rencontre des routes impériales et départementales, que le 8 février 1858. Cependant la section entière de Lyon à Bourgoin, sur 38 kil., a été livrée à l'exploitation le 1ᵉʳ juillet 1858.

.... Nos trains de voyageurs seront admis dans la gare de Perrache, disait le rapport du Conseil d'administration, et nos trains de marchandises, dans celle de la Guillotière. Nous aurons à payer, pour cette admission, des redevances qui ne sont pas encore fixées dans tous leurs détails, mais qui seront calculées sur une appréciation équitable des services rendus.

Prolongement vers Grenoble.

« Le tracé de cette section entre Bourgoin et la ligne de Saint-Rambert à Grenoble n'est pas encore déterminé. Cette question a donné lieu à des études et à des enquêtes multipliées, dont l'établissement des chemins de fer offre peu d'exemples. Sans vouloir préjuger ici la décision qui interviendra, nous pouvons du moins constater que MM. les ingénieurs du contrôle ont été unanimes pour donner la préférence au tracé de la Compagnie, préférence qui repose sans doute sur les avantages offerts par ce tracé aux grandes industries qui le réclament dans le département de l'Isère et dans le département du Rhône. »

Les *dépenses* de la Compagnie, depuis sa formation jusqu'au 31 décembre 1857, s'élèvent à la somme de. . . . . 25 916 694 fr. 19 c.

Au 31 décembre 1856, elles s'élevaient à. 15 164 455   54

La différence entre ces deux sommes est de. . . . . . . 10 752 238 fr. 65 c.

Cette différence constitue la dépense totale pendant l'année 1857, et se décompose comme il suit :

Jetons de présence, personnel, loyer, frais de bureau, timbre, frais de surveillance par l'État......	152 100 fr.	80 c.
Service des intérêts du capital.......	714 447	70
Personnel et travaux de la ligne de Bourgoin........	1 023 241	98
Personnel et travaux de Saint-Rambert à Grenoble.........	8 212 975	06
Dépenses de l'exploitation...........	559 473	11
Approvisionnements..............	90 000	»
Total.. ...	10 752 238 fr.	65 c.

Les *recettes*, depuis l'origine jusqu'au 31 décembre 1857, se sont élevées à la somme de 26 640 023 fr. 43 c.

Versement de 300 fr. sur 50 000 actions.	15 000 000 fr.	» c.
Versements anticipés sur les actions du Dauphiné....	5 037 500	»
Intérêts produits par le capital........	120 955	50
Quatre cinquièmes de la subvention....	5 600 000	»
Recettes de l'exploitation (impôt déduit).	881 567	93
Total.....	26 640 023 fr.	43 c.

Si l'on déduit de cette somme les dépenses générales faites depuis l'origine jusqu'au 31 décembre 1857, soit. . . 25 916 694 fr. 19 c.

L'excédant des recettes sur les dépenses est de. . . . . . . 723 329 fr. 24 c.

LE CHEMIN DE FER DE CEINTURE.

Le chemin de fer de ceinture est destiné à relier entre elles les diverses lignes de fer aboutissant à Paris, c'est-à-dire celles de l'Ouest, du Nord, de l'Est, de Lyon et d'Orléans. Ce chemin, décrété le 10 décembre 1851, a été ouvert dans tout son parcours le 24 mars 1854; la première section avait été inaugurée le 12 décembre 1852. Bien qu'il ait dû être affecté au transport des voyageurs, il ne sert encore qu'à celui des marchandises; toutefois, les émigrants que le chemin de l'Est amène à Paris sont conduits par le chemin de ceinture à la ligne du Havre.

Les cinq compagnies intéressées à l'exécution du chemin de ceinture ont contribué à sa construction pour une somme de 5 millions; le surplus, environ 7 millions, a été fourni par l'État.

La longueur du chemin de ceinture est de 15 209 mètres, mais les raccordements portent la longueur totale à 16 809 mètres.

Les dépenses de premier établissement s'élevaient, au 31 décembre 1857, à 15 400 000 fr.

Les gares du chemin de fer de ceinture sont les cinq gares communes aux compagnies de l'Ouest, du Nord, de l'Est, de Lyon et d'Orléans, et les deux gares de Charonne et de la Petite-Villette, qui lui sont spéciales.

Les recettes du chemin de fer de ceinture, pendant l'exercice 1857, se sont élevées à 1 547 639 fr. 14 c.; savoir :

Pour les transports d'émigrants entre la Villette et Batignolles...............	5 028f.	25 c.
Pour péages sur marchandises..........	753 337	18
Pour droit de transport sur les marchandises...............................	787 735	21
Produits divers.......................	1 538	50
	1 547 639f.	14 c.

Les 753 337 fr. 18 c. de péage se répartissent entre les cinq compagnies syndiquées, conformément aux dispositions du cahier des charges, de la manière suivante :

Compagnie de l'Ouest..	176 890f.	52 c.
— du Nord ...	127 105	18
— de l'Est....	115 830	93
— de Lyon....	145 100	69
— d'Orléans...	188 409	86

753 337 f. 18 c.

Les sommes ci-dessus, résultant de l'application des tarifs du chemin de fer de ceinture, doivent, pour exprimer le montant effectif des perceptions faites par les Compagnies, être diminuées des remises partielles de péage que celles-ci ont pu consentir par des traités ou des tarifs communs.

Les transports effectués pendant l'exercice de 1857 ont été de 973 166 tonnes, réparties ainsi qu'il suit par compagnie expéditrice :

Ouest.................................	189 093 tonnes.
Nord..................................	407 937
Est...................................	141 386
Lyon..................................	88 303
Orléans...............................	91 545
Ceinture..............................	54 602

Le chiffre total des expéditions de 1856 ayant été de 907 164 tonnes, le trafic a obtenu, en 1857, une augmentation de 66 102 tonnes, qui se répartit comme il suit :

	Augmentation.	Diminution.
Ouest................. tonnes	»	8389
Nord........................	1 680	»
Est.........................	2 935	»
Lyon........................	19 661	»
Orléans.....................	»	1480
Chemin de ceinture..........	16 279	»

Cette augmentation est due aux premiers mois de l'exercice; car, en comparant les exercices de 1856 et 1857, trimestre par trimestre, on reconnaît une augmentation de 51 623 tonnes pendant le premier trimestre, de 38 692 pendant le deuxième, et une diminution de 15 151 tonnes pendant le troisième, et de 9062 tonnes pendant le quatrième.

Les 54 602 tonnes de marchandises expédiées par les gares spéciales du chemin de ceinture, se décomposent comme il suit entre les gares de Charonne et de la Petite-Villette, et le raccordement particulier de l'usine de la société E. Gouin :

Usine Gouin .... tonnes	5 715	
Gare de la Petite-Villette......	45 747	54 602 tonnes.
— de Charonne	3 140	

Le chemin de ceinture est administré par un syndicat formé par les cinq compagnies dont il dessert les lignes, savoir :

Pour l'Ouest, MM. de l'Espée, président, — Blount;

Pour le Nord,	Delebecque, — Dalon;
Pour l'Est,	Baignières, — Roux;
Pour Lyon,	Dassier, — Gouin;
Pour Orléans,	Marc, — de Richemont;

Le secrétaire du syndicat est M. Chambolle (A).

L'ingénieur chef du service est M. Gayrard.

Le siége de l'administration est rue d'Amsterdam, n° 1.

LE CHEMIN DE FER DE BESSÈGES A ALAIS,

AVEC EMBRANCHEMENTS SUR MEYRANNES ET TRÉLYS.

Ce chemin a été concédé le 7 juin 1854 à MM. Deveau de Robiac, Varin d'Ainvelle et E. Silhol, pour 99 ans, finissant au 7 juin 1957. Il a pour but de mettre les mines de houille de Bessèges en communication avec le littoral de la Méditerranée. La concession est faite sans subvention, sans garantie d'intérêt, sans partage. L'État s'est réservé la faculté de rachat à dater de 1869. La société anonyme a été autorisée le 16 août 1855.

Par suite d'un traité conclu avec la Compagnie de la Méditerranée, cette Compagnie s'est chargée de l'exploitation, pendant dix années, moyennant un prélèvement annuel qui ne peut être moindre de 270 000 fr. La Compagnie de Bessèges paye, en outre, 90 000 fr. par an pour loyer du matériel.

Le matériel de l'exploitation est fourni par la Compagnie de Lyon à la Méditerranée.

La ligne principale a un parcours de 30 kilom.

Un décret impérial, du 24 juin 1857, a concédé à la Compagnie un embranchement partant d'un point voisin de Robiac, et aboutissant aux mines de houille de Trélys, au lieu dit Lavalette, pour une durée égale à celle de la ligne principale.

La ligne principale a été livrée à la circulation le 1er décembre 1857, l'embranchement de Trélys le 15 mars 1858.

Le capital social était primitivement de 4 000 000 fr., divisé en 8000 actions de 500 fr. chacune. Pendant l'exercice de 1857 la Compagnie a créé 4000 actions nouvelles ; de sorte que son capital est maintenant de 6 millions.

En outre, il a été créé, à 280 fr. 22,610 obligations, produisant un intérêt annuel de 15 fr., et remboursables à 500 fr. par tirage au sort.

D'après le rapport lu à l'assemblée générale des actionnaires le 12 mars 1858, la situation financière de la Compagnie au 31 décembre 1857 se définissait ainsi qu'il suit :

PASSIF.

Fonds social.

12 000 actions émises..................	6 000 000 f.	00 c.

Emprunts 3 pour 100.

1er emprunt.......... 2 000 040 f. 00 c.		
2e — 1 800 835 00	6 000 875	00
3e — 2 200 000 00		

Intérêts échus et arriérés à payer.

Sur les actions....... 95 138 40	111 428	40
Sur les emprunts 16 290 00		

Amortissement des emprunts.

Reste des annuités ... 569 98	13 069	39
Obligations amorties à rembourser........ 12 500 00		

Effets à payer.

Acceptations..........................	1 154 500	00

Débiteurs et créditeurs divers.

Compagnie de Lyon à la Méditerranée etc..	935 569	31

Liquidation des exercices.

Solde à porter à nouveau...............	109 448	44
	14 324 891 f.	13 c.

ACTIF.

Compte de premier établissement

Ligne de Bessèges à Alais.............	7 563 157 f.	41 c.
Embranchement de Trélys.............	335 668	43
Frais généraux de la société...........	242 895	53
Service des intérêts des actions........	662 800	00
Service des intérêts des emprunts.......	367 867	50
Capital à réaliser.....................	4 162 495	00
Portefeuille et caisse..................	148 596	52
Cautionnement.......................	75 000	00
Débiteurs et créditeurs divers..........	764 742	69
Droits de transmission	1 668	05
	14 324 891 f.	13 c.

Les recettes brutes du mois de décembre 1857 se sont élevées à 73 056 fr. 65 c., et, déduction faite de l'impôt, à 71 648 fr. 05 c.

Ces recettes se répartissent ainsi qu'il suit :

Voyageurs...........................	12 326 f. 95 c.
Bagages, chiens, voitures et chevaux ...	246 80
Messageries.........................	572 75
Marchandises et houille...............	59 910 15

CONSEIL D'ADMINISTRATION.

MM. de Robiac, président ; Rivière de Larque, ⚜ , vice-président ; Calvet-Rogniat ; Meynadier ; de Brissac (comte Henri) ; Terret ; Silhol (Émile), ⚜ ; Abeille (Adolphe) ; Lemoine ; Parran, Félix.

MM. Mailly, directeur ; de Colombier, secrétaire.

LE CHEMIN DE FER DE GRAISSESSAC A BÉZIERS.

Ce chemin de fer a été autorisé, par décret du 29 mars 1852, pour faire communiquer le bassin houiller de Graissessac avec le canal du Midi et les lignes de l'ancien Grand-Central qui appartiennent à la compagnie d'Orléans. Une décision ministérielle du 15 juin 1855 a autorisé les concessionnaires à faire les études d'un prolongement de Graissessac à Limoges, par Brives, ce qui donnerait un supplément de parcours de 350 kilom.

La ligne de Graissessac à Béziers n'a que 52 kilom.; l'exploitation n'en est pas encore commencée.

La durée de la concession est de 99 ans, à partir du 1er janvier 1855. L'État ne donne ni subvention ni garantie d'intérêt, et ne s'est réservé aucun partage; il a seulement stipulé la faculté de rachat à dater de 1870.

Le capital social est de 18 000 000 de francs (36 000 actions de 500 fr., dont 400 payés, et devant porter intérêt à 4 pour 100 pendant la durée des travaux). 26 600 obligations ont été émises à 140 fr., remboursables à 258 fr., et portant intérêt annuel de 7 fr. 50 c.

La totalité des dépenses effectuées au 23 mars 1858 était de 26 948 862 fr. 07 c., ainsi répartie :

Dépenses générales de premier établissement.................................	2 634 349 f. 87 c.
Administration centrale................	429 598 70
Construction du chemin................	17 137 891 90
Matériel.............................	5 473 351 05
Études du prolongement	115 020 55
Intérêts payés aux actionnaires	1 158 750 00
Total.................	26 948 862 f. 07 c.

Par décret du 12 mai 1858, le chemin de fer de Graissessac a été mis sous le séquestre, à la requête de la Compagnie concessionnaire.

LE CHEMIN DE FER DE BORDEAUX AU VERDON.

Ce chemin, d'environ 100 kilom. de long, doit relier Bordeaux au Verdon, en passant à Pauillac et à Lesparre, et en desservant le port de Richard ou tout autre point à déterminer du littoral. Il a été concédé, par un décret du 17 octobre 1857, pour 99 ans, à partir du 17 avril 1862. Les travaux devront être commencés dans un délai de 6 ans; et le gouvernement s'est réservé la faculté de rachat après les quinze premières années d'exploitation.

LES CHEMINS DE FER INDUSTRIELS.

Indépendamment des grandes lignes destinées à la circulation publique, il existe en France un certain nombre de chemins de fer concédés à des entreprises particulières et affectés presque exclusivement au service d'exploitations industrielles. Nous ne pouvons en donner que la simple momenclature, les propriétaires de ces chemins n'en ayant jamais fait connaître ni les dépenses ni les recettes.

CHEMIN DE FER D'ANZIN A SOMAIN.

Deux ordonnances du 24 octobre 1835 ont autorisé la construction de deux petites voies de fer, allant d'Abscon à Denain et de Saint-Vaast à Denain, pour le service des mines de houille d'Anzin. Le prolongement de cette dernière ligne jusqu'à Anzin a été concédé par ordonnance du 31 janvier 1841. Enfin, une ordonnance du 8 octobre 1846 a concédé un embranchement qui se relie au chemin du Nord, à la station de Somain.

La longueur totale de la concession est de 21 kilomètres, qui sont exploités.

CHEMIN DE FER DE CARMAUX A ALBY.

Concédé par décret du 4 mars 1854 pour mettre les mines de Carmaux en communication avec la ville d'Alby. 18 kilomètres; en exploitation.

Le gouvernement s'est réservé la faculté, à toute époque, à dater du délai fixé pour l'achèvement des travaux, s'il fait exécuter ou s'il concède une ligne destinée à rattacher Alby au réseau des chemins de fer passant par Carmaux, de racheter cette ligne à la Compagnie en lui remboursant les sommes qu'elle aura dépensées pour frais d'établissement, plus les intérêts à 4 pour 100 pendant un an.

CHEMIN DE FER D'EMBRANCHEMENT DU CHEMIN DE CEINTURE A LA GARE D'EAU DE SAINT-OUEN.

Un décret impérial du 20 mars 1855 a autorisé la concession faite à M. le prince Joseph Poniatowski d'un chemin de fer d'embranchement destiné à relier la gare d'eau de Saint-Ouen au chemin de fer de ceinture.

Cet embranchement devait être terminé et livré à l'exploitation dans le délai d'un an. Un décret du 12 mars 1856 a prorogé ce délai d'une année. La concession est faite pour 99 ans (24 mars 1955).

CHEMIN DE FER D'HAUTMONT A LA FRONTIÈRE BELGE.

Un décret du 19 août 1854 a autorisé une société, propriétaire de chemins de fer en Belgique, à prolonger une de ses lignes sur le territoire français, depuis la frontière belge jusqu'à Hautmont. Ces chemins de fer sont affectés à un service de charbonnages. La longueur de la ligne française est de 9 kilomètres.

CHEMIN DE FER DE CHAUNY A SAINT-GOBAIN.

Concédé par décret du 23 avril 1856, ce chemin se relie à Chauny au chemin de Creil à Saint-Quentin. Sa longueur est de 15 kilomètres; il est à une seule voie. Il est autorisé à transporter les marchandises et les voyageurs. En exploitation.

CHEMIN DE FER DU LONG-ROCHER AU CANAL DU LOING.

Concédé par ordonnance du 16 octobre 1834 pour amener au canal du Loing les produits des carrières du Long-Rocher, qui sont situées dans la forêt de Fontainebleau et font partie du domaine de la Couronne. Ces carrières ayant été louées par bail emphytéotique, la concession du chemin de fer a été accordée au locataire pour une durée égale à celle du bail. 3 kilomètres; en exploitation.

CHEMIN DE FER D'ÉPINAC AU CANAL DE BOURGOGNE.

Concédé par ordonnance du 7 avril 1830 pour le service des houillères d'Épinac. 20 kilomètres : concession à perpétuité; en exploitation.

CHEMIN DE FER DU CREUSOT AU CANAL DU CENTRE.

Concédé par ordonnance du 28 décembre 1837 pour le service des fonderies du Creusot. Le transport des voyageurs a été autorisé par ordonnance du 12 septembre 1842. 10 kilomètres ; en exploitation.

CHEMIN DE FER DE DECIZE AU CANAL DU NIVERNAIS.

Concédé par ordonnance du 12 septembre 1841 pour l'exploitation des mines de houille de Decize. 7 kilomètres ; en exploitation.

CHEMIN DE FER DES MINES D'OUGNEY A LA LIGNE DE BESANÇON.

Concédé par décret du 14 juillet 1855 à la société des hauts-fourneaux de la Franche-Comté. 10 kilomètres ; en construction.

CHEMIN DE FER DES MINES DE SORBIER A LA LIGNE DE SAINT-ÉTIENNE.

Concédé par décret du 17 juillet 1853. 3 kilomètres ; en exploitation.

CHEMIN DE FER DES MINES DE ROCHE-LA-MOLIÈRE ET DE FIRMINY A LA LIGNE DE SAINT-ÉTIENNE.

Concédé par décret du 15 décembre 1855. 7 kilomètres ; en exploitation. Il ne transporte, quant à présent, que des marchandises. L'administration s'est réservée cependant le droit d'exiger l'établissement d'un service de voyageurs, si l'utilité en est reconnue après enquête.

CHEMIN DE FER DES MINES DE MONTIEUX A LA LOIRE.

Concédé par décret du 24 novembre 1854. 1 kilomètre ; en exploitation.

CHEMIN DE FER DE COMMENTRY AU CANAL DE BERRY.

Concédé par ordonnance du 16 février 1844. Un décret du 12 mars 1855 en a autorisé le prolongement par trois embranchements dirigés sur les puits Saint-Louis, Saint-Charles et Foret. Il est destiné au transport des houilles et des produits des forges et des fonderies du bassin de Commentry. A raison des plans inclinés qu'il présente, la circulation des voyageurs y est interdite. 18 kilomètres ; en exploitation.

CHEMIN DE FER DE L'USINE DE BOURDON A LA LIGNE DE CLERMONT A LEMPDES.

Concédé par décret du 28 octobre 1854. 4 kilomètres ; en exploitation.

CHEMIN DE FER DES MINES DE FINS A L'ALLIER.

Concédé par une loi du 25 juillet 1838. 25 kilomètres ; en exploitation

CHEMIN DE FER DES MINES DE MONTRAMBERT A LA LIGNE DE SAINT-ÉTIENNE.

Concédé par ordonnance du 2 avril 1843. 8 kilomètres ; en exploitation.

CHEMIN DE FER DE VILLERS-COTTERETS AU PORT-AUX-PERCHES.

Concédé par ordonnance du 6 juin 1836. 9 kilomètres ; en exploitation. Ce chemin a été racheté par le chemin de fer du Nord, le 21 juin 1857.

FIN.

Ch. Lahure, imprimeur du Sénat et de la Cour de Cassation
(ancienne maison Crapelet), rue de Vaugirard, 9.